你可以超越每個不如意

謝浩任／編著

contents

Chapter 1 挫折對每一個人來說都是難免的

Chapter 2

用愉悅的心去看待現實世界

contents

Chapter 3 善於判斷，勇於抉擇

Chapter 4 用心去感受幸福和快樂

contents

Chapter 5 正確認識和接納自己發掘潛能

CHAPTER I

挫折對每一個人來說都是難免的

人生之路不會總是一帆風順，有鮮花，也有荊棘。挫折對每一個人來說都是難免的。但是，有的人心理承受能力強，能夠禁受打擊或挫折的考驗；有的人心理承受能力弱，禁不住挫折的考驗，面對挫折，恐懼而消極悲觀，心存憂鬱，自然影響了正常生活和工作。這就是因為兩者的情商不同的緣故。

穆哈姆德．阿里說：「走下坡路是無可厚非的，但一直萎靡不振就不對了。」心理學家指出，情商是一種可在順境、逆境中穿梭自如的能力。承受挫折的能力和其他心理素質一樣，是可以透過學習和鍛練而獲得提高的。

多數人能夠承受超過我們所認為的壓力

心理學研究認為，人們往往過分誇大了失敗的嚴重性和不利因素。在美國麻省理工學院進行過一個有趣的實驗，研究人員用鐵圈將一個小南瓜整個箍住，以觀察當南瓜逐漸的長大時，對這個鐵圈產生的壓力有多大。研究人員希望瞭解南瓜在這個過程中，與鐵圈互動產生多少的力道，以便瞭解這個南瓜能夠承受多大的壓力。最初他們估計，南瓜最多能夠承受大約五百磅的壓力。最後，他們驚異的發現，當研究結束時，整個南瓜承受了超過五千磅的壓力後，才產生瓜皮破裂。

他們打開南瓜，發現它中間充滿了堅韌牢固的層層纖維，試圖想要突破包圍它的鐵圈。為了吸收充分的養分，以便於突破限制它成長的鐵圈，它的根部延展範圍令人吃驚，所有的根往不同的方向全方位的伸展，最後，這個南瓜獨自接管控制了整個花園的土壤與資源。

我們對於自己能夠變得多麼堅強都毫無概念。假如南瓜能夠承受如此龐大的外力，那麼人類在相同的環境下又能夠承受多少的壓力？只要敢於在充滿荊棘的道路上奮進，大多數的人能夠承受超過我們所認為的壓力。

「有志者，事竟成。」是一句流傳已久而又千真萬確的格言。一個人如果下決心去做某件事，那麼，他就會憑藉這種決心的力量，跨越前進途中的層層障礙，成功也就有了切實可靠的保證。

相信自己能夠成功，往往就能成功，成功的決心往往就是成功本身。因此，真誠的決心常常被賦予了無限能量的特點。世界上沒有不通的路。條條道路通羅馬，無論你往東走，還是往西行，只要堅持走下去，都可以達到目的。

走到懸崖絕壁怎麼辦？其實，即便走到懸崖絕壁，也沒有什麼了不起。有崖必有谷，懸崖絕壁擋住了路，迂迴一下也可以過去。

失敗引導成功的一個重要因素是：人們在困境面前會產生極大的能

量。有這樣一則令人驚異的故事：

一個農夫在穀倉前面注視著一輛輕型卡車快速開過他的土地。農夫十四歲的兒子正在開著這輛車，由於年紀還小，他還不夠資格考駕駛執照，但是他對汽車很著迷——而且似乎已能夠操縱一輛車子。因此，農夫就准許他在農場裡開這客貨兩用車，但是不准上外面的路上。但是突然之間，農夫眼看著車子翻到水溝裡去了，他大為驚慌，急忙跑到出事地點。他看到溝裡有水，而他的兒子被壓在車子下面，躺在那裡，只有頭的一部分露在外面。

這位農夫並不高大，根據報紙上所說，他僅有一百七十公分高，七十公斤重。但是他毫不猶豫的跳進水溝，把雙手伸到車下，把車子抬了起來，足以讓另一位跑來援助的工人把那失去知覺的孩子從下面拉出來。當地的醫生也很快趕來，將男孩檢查了一遍，只有一點皮肉傷，其他毫無損傷。這個時候，農夫覺得很奇怪，剛才他去抬車子的時候根本沒有停下來想一想自己是不是抬得動，由於好奇，他就再試一次，結果根本就動不了那車子。

醫生說這是奇蹟，並解釋說身體機能對緊急狀況產生反應時，腎上腺就大量分泌出激素，傳到整個身體，產生出額外的力量，這就是他能解釋的唯一原因。

這一類的事還告訴我們另一項更重要的事實，有某一樣事發生在農夫的身上，使他產生一種超常的力量，但是這並不止於肉體反應，它還涉及到心智和精神的力量。當他看到自己的兒子快要淹死的時候，他的心智反應是要去救兒子，而再也沒有其他的想法，他一心只要把壓著兒子的卡車抬起來。可以說是精神上導致腎上腺引發出潛在的力量。而如果情況需要更大的體力，心智就可以產生出更大的力量。

既然人們有足夠的能量從失敗的困境中擺脫出來，遇到失敗就不要悲觀絕望，更沒有必要痛不欲生。不少人往往過分誇大「形勢危機」帶來的潛在「懲罰」與「失敗」，他們用自己的想像力來和自己作對，把事情小題大做，彷彿一次小小的失敗，就是生死攸關的大事。

英國著名哲學家羅素說過：「遇到不幸的威脅時，認真而仔細的考慮一下，最糟糕的情況可能是什麼。正視這種不幸，找到充分的理由使自己相信，這畢竟不是那麼可怕的災難。這種理由總歸是存在的，因為在最壞的情況下，在個人身上發生的一切絕不會重要到影響世界的程度。你堅持面對最壞的可能性，懷著真誠的信心去對自己說：『不管怎樣，這沒有太大的關係。』這樣，經過一段時間以後，你會發現你的憂慮減少到一個非常小的程度。也許你需要把這個過程重複幾次，但是到最後，如果你面對最壞的情況也不退縮，你的憂慮已經完全消失，取而代之的是一種喜悅心情。」

一個人想做成任何大事，都要能夠堅持下去，堅持下去才能取得成功。著名心理學家貝弗里奇說：「人們最出色的工作往往是在處於逆境的情況下做出的。思想上的壓力，甚至肉體上的痛苦都可能成為精神上的興奮劑。很多傑出的偉人都曾遭受過心理上的打擊及形形色色的困難。」他還指出：「忍受壓力而不氣餒，是最終成功的要素。」多方努力去嘗試，憑毅力與彈性去追求所企望的目標，最終必然會得到自己所要的，可千萬別在中途便放棄希望。這句話說來簡單，但相信你一定會從內心同意，就從今天起拿出必要的行動，哪怕那只是小小的一步。

把失敗當做激發你重新出發的契機

「成功者與失敗者最大的差異，在於成功者會設法從失敗中獲益，再嘗試別的方法。」任何成功的人在達到成功之前，沒有不遭遇過失敗的。沙克也是在試用了無數介質之後，才培養出小兒麻痺疫苗。

你應把挫折只當做是使你發現你思想的特質，以及你的思想和你明確目標之間關係的測試機會。如果你真能瞭解這句話，它就能調整你對逆境的反應，並且能使你繼續為目標努力。挫折絕對不等於失敗——除非你自己這麼認為。

然而，挫折並不保證你會得到完全綻開的利益花朵，它只提供利益的種子；你必須找出這顆種子，並且以明確的目標給它養分並栽培它；否則，它不可能開花結果。當你遇到挫折時，切勿浪費時間去算你遭受了多少損失；相反的，你應該算算看你從挫折當中，可以得到多少收穫和資產。你將會發現所得到的，會比你所失去的要多得多。

如果把失敗看成是激發你以新的信心和堅毅精神重新出發的契機，那成功只不過是時間上的問題罷了。當你處於逆境時，你必須花數倍的心力，激勵自己，去建立和維持自己的積極心態。同時，也應運用你對自己的信心以及你的明確目標，將積極心態化為具體行動。

洛克菲勒、艾柯卡等都是世界著名企業家，他們的傳奇經歷，獨特的經營管理之道，一向為人們所津津樂道。很多人都以為他們必然自幼便是超群脫俗的天才人物。事實上卻並非如此。

那他們為什麼會成為傑出的經營者呢？是否有其共同之處？經過有關學者的調查得知：原來他們之中每一位都是「積極反應」者。所謂「積極反應」者，就是在遇到艱難險阻時，絕不驚慌失措，依舊遵循著自己的想法，努力前行。

舉個例子來說，如果自己知道能力比不上別人，便怨天尤人，自甘墮落，這種人就是「消極反應」者；相反，如果毫不在乎他人勝過自己，依然根據自己的步調，一步一步向前奮進的人，就是「積極反應」者。

另外，在遭受挫折失敗後便陷入絕望的深淵，再也打不起精神努力進取的人，是「消極反應者」；而在遭到失敗打擊後，卻能特別留意自身的弱點，然後改善它，進而取得成功的人，就是「積極反應」者。

阿邁爾參加紐約市的演講比賽，沒能進入決賽，爸爸和媽媽一起去接他回家。一見面，爸爸就問他：「你是輸了？還是沒有贏？」

阿邁爾不解的說：「這有什麼分別？」

爸爸沒有回答他的問題，只是再次問道：「下星期在史泰登島的另一場比賽，你還打算參加嗎？」

阿邁爾十分堅決的說：「當然要！」

爸爸說：「那麼，你今天只是沒有贏，而不是輸了！一個輸了的人仍繼續努力打算贏回來，那麼他今天的輸就不是真輸，而是沒有贏。但如果失去了再戰鬥的勇氣，那就是真輸了！」

海明威的名著《老人與海》裡面有這樣一句話：「英雄可以被毀滅，但是不能被擊敗。」尼采也說過這樣一句名言：「受苦的人，沒有悲觀的權利。」

英雄的肉體可以被毀滅，但是精神和鬥志不能被擊敗。受苦的人，因為要克服困境，所以不但不能悲觀，而且要比別人更積極！在人生的戰場上，我們不但要有跌倒之後再爬起的毅力，拾起武器再戰的勇氣。而且，從被擊敗的一刻，就要開始下一波的奮鬥，甚至不允許自己倒下，不准許自己悲觀。這樣，我們就不是徹底輸，只是暫時的「沒有贏」！

逆境和挫折可以使我們變得更強大

每一次逆境中都隱藏著成功的契機。就像一顆種子，需要勇氣、信心及創造力，才能萌芽成長並且開花結果。

多年前，美國的公路是世界上最完美的，不僅路面鋪得好，設計周詳，而且郊外無地形限制的公路，盡量使其正直。有時，可能在十里之內無一彎曲，駕駛汽車的人可按住方向盤，無需轉動，毫不費勁。可是問題來了，太平直的公路使駕駛汽車的人感到十分乏味，容易在駕車時打起瞌睡來。於是，設計公路的工程師，便在距離相當路程之間做一些突起。路面不平坦，使駕車者每隔一段時間來一頓顛簸，刺激精神，不致在半睡眠的狀態下駕駛而闖出車禍。

人生需要一些坎坷，其作用和在直路上加上突起一樣。面對逆境，如果選擇了放棄，也就是選擇了失敗。沒有什麼比半途而廢的放棄和喪失希望對未來威脅更大的了。放棄和喪失希望不僅無法解決現實存在的問題，而且還會讓我們在未來陷入更大的困境之中。大自然利用困難和失敗，讓人們懂得謙卑，並且領悟生命的真理和智慧。

一位智者曾經說過：「你不可能遇到一個從來沒有遭受過失敗或打擊的人。」他發現，人們成就的高低，和他們遭到失敗和打擊的承受能力成正比。他還有另外一項重要的發現：真正偉大的成功者，往往是年逾半百的人。他說：「人們在五十歲至七十歲之間，遭遇到人生的種種磨難，智慧達到最高峰，對自己各方面的能力都有很強的判斷能力，更重要的是他們能夠樹立堅定的信心。」

馬歇爾・菲爾德的零售店在芝加哥大火中燒燬了，所有的家產付之一炬。面對這個令人沮喪的場景，他卻指著燃燒中的灰燼說：「我要在這個地方，開一家全世界最大的零售商店。」

他做到了。在芝加哥的史笛特街及魯道夫大道的交匯處，人們至今依然可以看馬歇爾・菲爾德的公司巍然矗立著。

挫折對每一個人來說都是難免的

美國的《成功》雜誌每年都會報導當年最偉大的東山再起者和創業者，他們的傳奇經歷中有一個相同的部分，那就是他們在遇到強大的困難和逆境時始終保持樂觀的態度，從不輕言放棄。

同樣，有人在對上千個保險公司，為數眾多的代理人進行長達五年的研究中發現，對待逆境的態度，在許多方面決定了一個保險代理人是否能夠成功。樂觀的銷售人員賣出的保單要比悲觀的銷售人員多百分之八十八——儘管他們的才華差不多。

在追求成功的道路上，許多人缺乏正確面對逆境的態度。他們遇難而退，他們拒絕一切機會，他們忽略、掩蓋甚至放棄人類內在的追求進步的本能要求，以及生活給予的許多東西。

生命蘊藏著巨大的潛能，在逆境中憤然崛起也是其中一項。無法正確面對逆境的人，就是忽視了生命中這種潛能的人，是在有意或無意中逃避自己的人。逃避逆境者往往想過那種得過且過的生活，他們會說：「這就足夠了。」他們找到一些堂而皇之的藉口放棄了夢想，放棄了追求，選擇了自認為是一條平坦、較輕鬆的人生道路。但是，隨著時間推移，事實恰恰相反，他們將付出更大的代價，可能會遇到更大的逆境。逃避逆境者遭受的痛苦比他們直接面對挑戰、勇敢的面對現實而承受的痛苦要大得多。毫無疑問，一個人可能面對的、讓人肝腸寸斷的最痛苦的時刻，莫過於回首平庸辛酸的一生。只有那些勇於面對逆境的人，才能收穫成功。這種人不畏艱難，在逆境面前保持微笑，並將一生定義為「面對逆境的挑戰」的過程。這類人就是我們所說的具有高情商的人，他們勇往直前，無論環境有利還是不利，人生幸運還是不幸，他們都不會停止前行。他們在逆境面前保持一種生命激情，絕不讓年齡、性別、身體缺陷或者任何其他障礙，阻擋自己去實現成功願望的腳步。

高情商的人具有堅定的信念，每當他們遭遇困難時，這種信念就會釋放一種巨大而神祕的力量拯救他們。他們堅韌、頑強而有彈性，心中完全沒有退縮的概念。對待逆境，他們有自己的解決方法，他們會不斷調整自己前進的方向，尋找更合適自己的道路。

失敗是上帝賜予的禮物。把每一次失敗，都當成人生體驗的一次磨煉；摔倒後，爬起來檢查一下新的收穫，我們將變得更加強大。

忘掉痛苦不幸的過去

一位學者說：那些經常被視為是「失敗」的事，實際上只不過是「暫時性的挫折」而已。成功的路上並沒有撒滿鮮花與陽光，相反，我們卻總要經歷坎坷與磨難。

獲得諾貝爾文學獎的美國作家海明威曾經當過拳擊手、獵手、漁夫和記者。他學拳擊，時常被打得鼻青眼腫、血流滿面；他上戰場，被炮彈擊中，身上留下兩百多塊彈片；他學寫作，四個月的辛苦只換來「退稿」二字。但他說：「拳擊教會了我絕對不能躺下不動，要隨時準備衝鋒，要像公牛那樣又快又狠的衝。」他就是憑著這頑強的性格與毅力，贏得了成功，寫出了《老人與海》等傳世傑作，登上世界文壇的高峰。

獲得諾貝爾化學獎的瑞典科學家阿侖尼烏斯，在創立電離理論的過程中經歷了許多坎坷。他經過千百次測量獲得的結論被一些保守的教授斥為胡說八道，「純粹的空想」，論文也只得了個「三級」評語。

三年後他通過了論文答辯，但是依然遭到激烈的反對，直到十年後才改變了厄運，被聘為教授，成為斯德哥爾摩大學校長。

一位化學家曾講過：「科學成果是一個很懶的女神，你敲幾下門停止了，她就懶得來開門，你不停的敲下去，她就不得不來開門了。」

只有不怕挫折，不畏艱難，堅持不懈的敲下去，成功女神才會開門接納你。只有把挫折當做失敗加以接受時，挫折才會成為一股破壞性的力量。如果把它當做是教導某些忠告的老師，那麼，它將成為一種祝福。這種暫時性的挫折，實際上會使我們振作起來，調整我們的努力方向，使我們向著更美好的方向前進。

也許你在翻閱莎士比亞的名著時，已經為他的很多傳世名言所感動。也許你還記得他曾經說過的一句非常有名的話：「聰明的人永遠不會坐在那裡為他們的損失而悲傷，他們會很高興的想辦法來彌補他們的創傷。」能夠自覺或者不自覺的遵照他的話去做的人，就能夠戰勝苦難

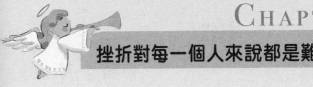

和挫折。否則，就可能走向毀滅。

除了先人的切身經歷，許多文學作品中也生動的展示了這個道理。在電影作品中，正反方面的實例都很多。

由著名演員梅麗·史翠普主演的奧斯卡得獎影片《蘇菲的抉擇》，講述了一個從奧斯維新集中營裡出來的波蘭女人的故事。影片開始的時候，蘇菲已經來到了美國，可是她依舊生活在噩夢中。所有她愛的人，她的父親、母親、丈夫、情人、兒子、女兒都死去了，而她活了下來，她無法原諒自己。

少女時代的蘇菲，每天都祈求上帝讓自己成為一個完美的人，可在時代的大動盪中，蘇菲的生活變得面目全非。自己崇拜的教授父親變成了一個納粹種族主義的狂熱信徒和倡行者；自己的丈夫被德國的蓋世太保所殺；而在集中營裡，德國人「恩賜」給她一個機會，讓她在自己的兒子和女兒中選擇一個留下來（另一個則會被送進毒氣室），蘇菲絕望的說：「把我的女兒帶走吧！」在蘇菲的內心深處，她認為自己不配再擁有愛情、家庭和孩子，最後她選擇了死亡。

而在另一部災難影片《鐵達尼號》中，人們卻看到了另一個結果：蘿絲在經歷了一場大劫難，痛失情人之後，選擇了新生。

一個生活在追悔中的人，只在乎痛苦的、不幸的過去，而忽視充滿希望、健康的今天和明天。要知道，人不能生活在過去，現在和未來才是最重要的。「不要為打翻的牛奶而哭泣」已是老生常談了，可是在這句話裡，包含了人類偉大的智慧和經驗。

你可以努力超越不如意的生活

每一個人都不必為自己沒有進入理想的學校，或者有過某些過錯與損失而悲傷不止。相反的，我們應該更加努力的去接受現實生活中的每一件事。

曾經有這樣一個年輕人，他的家境赤貧，連父親去世後買棺材的錢都是鄰居親友湊齊的。父親亡故後，他母親在製傘工廠上班，每天工作十個小時，下班後，還帶些按件計酬的家庭手工回家做，一直忙到晚上十一點。

在這種境遇中成長的他，少年時有一次參加附近教會舉辦的話劇演出，他覺得很有趣，因此決心要學好演講，這次偶然的經驗，成為他日後從政的契機，三十歲時終於當選為紐約州議員。但當時他尚欠缺履行議員職責的準備。由於他的專業知識不足，所以，工作中碰到很多困難。當他閱讀必須付諸表決的冗長而複雜的議案資料時，他完全莫名其妙，有如面對一種難辨的文字一般。

再者，雖然他從未踏進森林一步，卻被選為森林法立法委員，而從未跟銀行打過交道的他又被選為銀行法立法委員會的一員。這不得不使他感到懊悔煩悶，真想辭職不做。但他終究未辭職，其原因是不願讓母親知道他無法勝任議員職務這件事。

面對此種困境，他沒有退卻。他瞭解，不必為自己菲薄的知識而難過，只有發憤圖強才可以彌補一切。他下定決心，每天學習十六個小時，對一切問題都感興趣並加以鑽研。

他完全忘掉了自己沒上過小學的恥辱。自學十年後，史密斯已是紐約州政治事務的最高權威，獲得了無數的榮譽：連選為四屆紐約州長，六所大學——包括哈佛大學和哥倫比亞大學，都曾給這個小學都未畢業的男人贈與名譽學位。

不懈的努力終究使他從地方型政界要人，變成了全國性的政治家。

紐約時報》曾盛讚他是紐約最受歡迎的公民。這個不凡的人就是亞當．史密斯。

事情已經發生了，無論你怎樣悔恨和歎息都是沒有用的。你唯一可做的是輕鬆愉快的接受它，更加努力的做好你該做的事。下面的這些事例或許對你會有所啟示：

高中畢業後，貓王靠開卡車維生。一九五三年，他用開車存下來的錢在孟菲斯市的一個錄音室裡錄製一捲自唱自彈的磁帶，作為給母親的生日禮物。

機緣巧合，錄音室老闆山姆．菲利浦斯聽到他的歌聲，並被這個卡車司機獨特的演唱風格和對音樂的執著深深打動了。山姆立即跟貓王簽約，請他加入自己的太陽唱片公司。

瑪麗蓮．夢露出生在美國洛杉磯。一九四四年，夢露在軍工廠流水生產線上班時，被一個陸軍攝影師注意到了。攝影師請她為幾幅宣傳畫作模特兒，她從此走紅。不久，一家模特兒經紀公司與夢露簽約，並送她進表演班學習。一九四六年，她正式加入二十世紀福斯電影公司。

薩繆爾．摩斯從耶魯大學畢業後，在倫敦學習繪畫，後來發展為一個成功的肖像畫家和雕塑家。一八二五年他捐資建立了紐約國家設計院，次年，成為該院首任院長。一八三二年，他受聘於紐約大學藝術系，成為該系的繪畫和雕塑教授。

任教期間，他發現化學和電學中有個奇妙的世界。幾年後，他研製出一部電磁通訊儀器，並為這個儀器創造了一套密碼——摩斯電碼。

瑪丹娜於一九五八年出生在密西根州，高中畢業後進入密西根大學，並獲得舞蹈系的獎學金。但她兩年後輟學，前往紐約尋求發展。成名之前，她在Dunkin'Donuts裡當售貨員。之前她當過清潔工和衣帽間的侍者。

史恩．康納萊一九三〇年出生於蘇格蘭的愛丁堡，他做過泥瓦匠、游泳館的救生員等工作。一九五〇年他在「世界先生」健美賽上獲得季軍後，開始在電影裡飾演一些小角色，但生活來源還是來自給棺材刷油漆和上光的收入。後來因為出演《第七號情報員》中的詹姆士．龐德一炮而紅。史恩．康納萊共主演過六部〇〇七系列電影和很多膾炙人口的影片，並獲第六十屆奧斯卡最佳男配角獎……

如果你現在的生活環境不是你夢寐以求的理想環境，不要悲觀，因為前面介紹的很多名人都曾有過與你相同的境遇。最重要的，不是我們現在在什麼地方，擁有什麼樣的條件，而是我們正在朝著什麼方向邁進，在付出什麼樣的努力！

勇於面對每一個問題和困難

面對挫折的時候，關鍵在於「行動」。只要能採取正確的行動就能改正錯誤，這一點非常重要。

美國著名成功學家戴爾·卡內基的朋友赫洛德接二連三的遭遇不幸。他的不幸大到足以奪去一個人的生命。可是他有堅強的信仰，以堅強的態度面對襲擊他的苦難。他能冷靜思考，不會因為不順利就情緒化的責怪別人。而且認為有很多苦難的原因在於自己。

他說：「人應該認識到，在他的一生中總會遭遇幾次痛苦。」他嚴格而理性的思考自己所處的狀況，殫精竭慮的尋求更好的方法，分析自己的過錯，然後加以消除。

確實，他把聰明人能想到的事情都做了。可是失望的念頭仍舊抓住他不放。他慢慢的、徹底被失望擊敗了。失望的念頭滲進他控制思考的心靈，開始腐蝕他的堅強信仰。就在這個時候，他採取了「矯正行動」——他不想沉淪，不願絕望。他要以積極的行動去挑戰逆境，要努力擺脫不幸！

問題不在於自己身上會發生什麼，而是對發生在自己身上的該如何思考。如能不感情化而是客觀的，不以消極的心態，而是積極正確的進行思考，就能以剛毅的意志採取矯正行動。

思考能以意志的力量左右在心裡發生的事情。晦暗的想法累積後，才會產生失意落魄的精神氛圍，所以，把這件事留藏在心裡或是丟棄，完全由自己決定。這就是赫洛德得到的現實結論。我們可以對失望命令說：「從我的心裡滾出去！」結果真的就會如此。當然也會遇到抵抗，只要以堅定的意志去面對，終能克服失望。

赫洛德很得意的說：「我採取的完全是平凡而古老的行動。我對什麼也不思考的人常有的不滿或自我憐憫感到厭惡。我只想要行動、行動再行動！矯正的行動！」

赫洛德首先採取的是身體行動。他不再落魄的坐在那裡，在心裡消極的想：「我為什麼會落到這步田地？」而是到戶外不停的走動或游泳，他再度開始打高爾夫球。這樣的行動消除了掌管思維的大腦中樞的壓力，促使他從思考轉向行動。不久，赫洛德的頭腦變得清晰起來，心理狀態也逐漸好轉，血液循環暢通，心臟的功能也得到加強。各種創意開始在腦海裡萌生。有一天，他終於高興的發現：自己已經擺脫了失望情緒。赫洛德恢復了原有的活力。雖然不是在很短的時間內做到的，但比想像中更快恢復了原來的活力。

只要採取具有強大矯正力的積極行動，情況就能得到改善。在身體行動之後，精神與思維過程也會得到顯著的改善。赫洛德面對每一個問題和困難，思考每一件事情能教會他什麼。他深深懂得「禍福相依」的道理。在他的眼裡，一切事情看起來都不再那麼糟糕；情況對他來說也開始好轉。失望消極的態度所產生的無力感，被積極的態度和行動完全清除了！赫洛德的經歷和經驗啟示我們：「積極行動」是應對逆境的最好方法！

不要讓對失敗的恐懼絆住你

成功沒有捷徑，歷史上有成就的人，總是敢於行動，也會經常失敗。不要讓對失敗的恐懼絆住你嘗試新事物的腳步。經歷過挫折後，你會認識到自己變得更加聰明和堅強，提升了自我的生存能力。沒有逆境的磨礪，你將永遠也不會瞭解真正的自己，也不會知道情意的力量。

美國小說《湯姆叔叔的小屋》中湯姆叔叔的原型喬．塞．亨森原是一名黑奴，他在歷盡曲折道路、戰勝重重逆境而獲得人生自由和經營上的成功後，坎特博雷主教問他：「先生，你是從什麼大學畢業的？」亨森回答道：「逆境大學。」

「逆境大學」，多麼鏗鏘有力的回答！多麼意味深長的話語！這就是一個強者的聲音。他將挫折當成人生最好的教材，不斷的去抒寫很多人告訴自己：「我已經嘗試過了，不幸的是我失敗了。」其實他們並沒有搞清楚失敗的真正含義。大部分人在一生中都不會一帆風順，難免會遭受挫折和不幸。但是成功者和失敗者非常重要的一個區別就是，失敗者總是把挫折當成失敗，每次挫折都能夠深深打擊他追求勝利的勇氣；成功者則是從不言敗，在一次又一次挫折面前，總是對自己說：「我不是失敗了，而是還沒有成功。」

一個暫時失利的人，如果繼續努力，打算贏回來，那麼他今天的失利，就不是真正失敗。相反的，如果他失去了再次戰鬥的勇氣，那就是真的輸了！即使你從未失敗過，也難保以後不會。今日的商業世界瞬息萬變，置身其中必須面對不明朗的環境採取行動——換言之，偶爾跌倒是難免的。

哈佛商業研究院教授約翰．科特說：「我可以想像得到，二十年前行政人員討論是否聘請某人擔當重任的時候，如果有人指出：『這個人三十二歲時有過一次慘敗。』其他的人便說：『沒錯，那的確是個污點。』我相信今天同樣一群人在考慮是否聘請某一人選時卻會說：『我擔心的是這個人從未失敗過。』」

微軟創辦人比爾・蓋茲常有失敗之舉。他喜歡僱用曾經有過失誤的人。「那表示他們勇於冒險。」他說：「從那些人怎樣應付出了錯的事可以看出他們會怎樣應變。」

可是，為什麼有些人失利後能重振雄風，而有些人則一蹶不振？怎樣才能成為前一種人呢？不少心理學家分析過這一問題，他們提出的答案可供我們參考：

一、設想下一次贏得重大勝利

曾任達拉斯牛仔隊教練的吉米・約翰遜懂得怎樣應付失敗。

一九八五年他在達拉斯的第一個球季，紀錄是一勝十五敗——比起他最初在一所中學任防守教練時的〇勝十敗成績，丟臉程度只稍微好一點。「我們的球隊是美國全國美式足球聯盟最差的一隊。」約翰遜承認並表示：「不過我的目標是打入超級盃決賽。」

約翰遜有工業心理學學位，處世態度一貫積極。他會告訴擔任前衛的球員：「要護好球。」而不是說：「別大意。」他會說：「殺出重圍！」

而不是說：「別漏失了這個球。」

他在賽後會議中專注於下一場比賽如何取勝。「那樣我們很快便會把失敗置諸腦後。」牛仔隊終於在一九九三和一九九四年取得了勝利。

遇到失敗時一般人往往失去自信，適應能力強，不屈不撓的人卻仍充滿信心。

心理學家研究過三十種職業人士的表現後說：「能夠重新振作起來的都是樂觀的人，他們認為：『我這個問題，不過是暫時的。』」他說：「悲觀的人通常無法東山再起，他們認為自己會一敗塗地。」

二、勇於冒險犯難

一九八四年，可口可樂公司委任西吉奧．齊曼負責扭轉可口可樂對百事可樂的劣勢。齊曼的策略是改換可口可樂的配方，取名為「新可樂」，並大肆宣傳。他的錯誤是沒有在市場上繼續推銷舊可樂，有些人認為是他過於自信所致。

新可樂才銷售七十九天，舊配方的可口可樂就重回超級市場。齊曼大受打擊，一年後離開可口可樂公司。隨後，齊曼有十四個月沒有和該公司的任何人來往。「那時候很寂寞。」他說。但他沒有斷絕社會上的接觸。

他跟人合夥開顧問公司，設在亞特蘭大他家的地下室，設備簡單，只有一台電腦、一部電話和一架傳真機，客戶有包括微軟電腦公司和米勒·布魯恩公司等大公司，他的座右銘是：「打破傳統，勇於冒險。」後來，甚至可口可樂公司也諮詢他的意見，齊曼說：「我做夢也想不到可口可樂公司會找我回去。」管理階層告訴他，他們需要人幫助整頓業務。

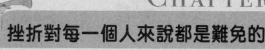

可口可樂總裁羅伯特·戈雷艾特說：「我們一向不容許職員犯錯誤，因此逐漸失去了競爭能力。一個人只在行動時才可能跌倒。」

三、能屈能伸

歷克·米勒很早就知道，世事無法盡如人意。他在破碎的家庭中長大，父親經常酗酒。到一九八九年，米勒已成為行業內頂尖人物，極負盛名，以擅長逆轉公司頹勢著稱。他應聘挽救王安電腦公司免於破產。可是該公司問題比他所想像的困難得多。王安公司業務始終不振，米勒只好承認失敗。為了挽救公司，他向當局申請重組，並售出公司的製造業務，然後自己辭職。王安公司比起以往規模只剩空殼，但能夠賺錢，米勒已無所憾。

童年逆境確實有助於使人適應環境和敗後復興。成功人士視失敗如青春期：尷尬、不自在，但卻是邁向成熟的經歷。後來，米勒成為了美國電話電報公司的最高財務管理人。此機構的總裁羅伯特．雅倫和他首次會面時便告訴他：「我認為你在王安公司的經驗是非常有利的條件。」在美國電話電報公司，米勒曾問那些擔心失敗的年輕職員：「你能否對著鏡子說：『我已竭盡所能。』要是能夠的話，不論結果如何，都是成功。」

四、隨時面對風浪

伯尼．馬庫斯是新澤西州一個俄裔窮傢俱匠的兒子。他的朋友阿瑟．布蘭克在紐約市皇后區中下階層地區長大，小時候與不良少年為伍；十五歲時他父親去世。「我在成長過程中形成一個觀念：生命是難免有狂風驟雨的。」布蘭克道。一九七八年，他和馬庫斯一起在洛杉磯一家五金行工作，遭新僱主解雇。翌日，一名從事投資的朋友建議他們自己創業。「我們發現這個主意並不狂妄。」馬庫斯和布蘭克開始經營一家他們以前覺得難以應付的商店——規模龐大，裝潢樸實，服務優良，貨品齊全。今天，他們的家庭用品公司是家庭用品業中效益增長最快的公司。

馬庫斯每次與其他企業家會面，總會問：「你一生中可曾有過感到絕望的時候？」他說：「我曾經與五十個成就驕人的企業家討論這問題。其中有四十個人經歷過這樣的性格培養過程。」

五、以別人的眼光看自己

為高級行政人員提供輔導的心理學家羅伯特．斯托比認為失敗的首要因素是缺乏自知之明，你必須跳出個人立場，用別人的眼光看自己。

「我以前從來不瞭解自己對他人的影響。」美國運通公司的安．布絲琪說。四年前，她是該公司卓越卡部門的總經理，屬下兩千名職員中有五個被發現蓄意隱瞞公司兩千四百萬美元的虧損，公司認為她須對此事負責。

安是個完美主義者，給人兇惡挑剔的印象，可能因此使她的部下對她畏懼過甚而不敢向她報告壞消息，只有編造謊言。她失去了卓越卡部門領導的職位，但美國運通公司給了她另一個機會，讓她挽救公司屬下一個規模較小的機構，她的自信心大受打擊，險些拒絕這項建議，可是在卓越卡部門的失敗使她再接再厲。

「我必須遠比以前體諒別人。」她說。她如今較有耐性，願意聆聽，也學會了鼓勵下屬報喜亦報憂。「不論利潤的數字是好是壞，我都會問為什麼。如果以前也這樣做，我也許早就發現了卓越卡的問題。」

有些人事業停滯，但有勇氣再接受艱辛的挑戰。但太多人只想找個安穩的地方，結果事業上無法突破，只是原地踏步。」莎士比亞說過：「逆境使人發憤向上。」要是你從未遭遇過失敗，為了事業著想，也應該努力去拚搏，去嘗試，主動去經歷一些。

失敗一樣對我們的人生有價值

愛迪生說：「失敗也是我們需要的，它和成功一樣對我有價值。只有在我嘗試了所有的錯誤方法以後，我才知道做好一件工作的正確方法是什麼。」威廉．波里素說：「生命中最重要的一件事，就是不要把你的收入拿來算做資本，任何人都會這樣做。真正重要的事，是要從你的損失裡去獲利，這就需要有才智才行。而這點，也正是一個成功者和一個失敗者之間的區別。」

一個人只要熱愛失敗，能從失敗中汲取智慧，終能成功。俄國作家列夫．托爾斯泰大學畢業後，選擇了邊讀書邊創作的道路，可是苦苦奮鬥了四年，一篇作品也未發表。

他從失敗中找到了原因，發現是自己的生活歷練不夠所致。不熟悉生活，怎麼能反映社會深處的奧祕，刻畫出栩栩如生的人物形象呢？

找到失敗的原因後，他毫不猶豫的來到高加索，參加了前線部隊。四年的軍旅生活，為他後來的文學創作打下了堅實的基礎。

托爾斯泰創作的《戰爭與和平》等名著忠實的反映了俄羅斯當時的社會生活，達到了現實主義文學創作的最高水準，轟動了世界文壇，這正是熱愛失敗的結果。

從某種意義上說，沒有失敗，就沒有成功。有時成功就像誘人的金礦，而失敗就像裹在金礦外面的一層層堅硬的岩石，敲去一層岩石，就離金礦越近。難怪有哲人說：「失敗的次數越多，離成功就越近。」在傑出的成功者眼裡，失敗有兩重性：它既能給人帶來損失和痛苦；也能給人帶來激勵、警覺、奮起和成熟。他們總是把一次次失敗，或者說把敲下來的一塊塊岩石，都視為成功的過程。

我們常常發現一個失敗者不一定能轉變成一個成功者；但一個成功者，一定曾經是一個失敗者。一個成功的人，他成功的歷史，其實也是一部失敗的歷史。據說，世界上著名的成功人士所做的事情中，成功與失敗的比例是一比十。也就是說，他們幾乎要失敗十次，才能換來一次成功。不信你去問問那些成功的人，他們經歷的失敗都多於成功。

華盛頓打的敗仗比他打的勝仗多得多，但他最終成功了；劉邦和項羽交戰中，幾乎是屢戰屢敗，最慘的時候，連老婆都當了項羽的俘虜。但是，劉邦輸得起，屢敗屢戰，終於在垓下一戰，用韓信的十面埋伏把項羽打敗。

一個人愈不把失敗當做一回事，失敗就愈不能把他怎麼樣，他就愈能成功；一個人如果愈害怕失敗，失敗就愈會纏住他，他就愈難擺脫失敗！

只有被善待的失敗才能成為成功之母

不甘失敗，努力從錯誤的方法中找到正確的方法，這是對待失敗的正確態度。有句老掉牙的格言叫做：「失敗乃成功之母。」如果深入思索一下，我們就不難發現，它的界定似乎還不夠全面和準確。因為不是所有的失敗都會成為「成功之母」的。

試想：如果失敗了卻不能善待失敗，不能從中找出原因，吸取教訓，對症下藥，而是失敗了也無所謂，甚至自欺欺人的找些藉口，諸如什麼「交學費」之類來掩蓋失敗，自己原諒自己，那不就只能是「失敗復失敗」嗎？此類事在我們看來，生活中並不少見。

「善待」失敗，對失敗的原因有所瞭解和發現，成竹在胸，採取積極有效的應對措施，這樣就不會重蹈覆轍。只有這樣被「善待」的「失敗」，才會成為「成功之母」。幾乎世界各國都有各項事業的成功者和偉人深刻認識到了這一點。

美國的查寧說：「錯誤與失敗是前進所不可缺的訓練課程。」

菲力普斯說：「失敗不過是個教訓，是好轉的第一步。」

羅威爾說：「幸運與不幸像把小刀，根據抓它的刃或柄，使我們受傷或得益。」

愛迪生說：「失敗也是我需要的，它和成功一樣有價值，只有在我知道一切不好的方法以後，我才知道做好一件工作的方法是什麼。」

英國的戴維說：「我的那些最重要的發現是受到失敗的啟示而做出的。」

柏克說：「困難是嚴正無比的教師。」

日本理研光學公司董事長市村清是位舉世聞名的企業家，年輕時曾是一名保險推銷員。有一次，市村清勸說一位小學校長投保人壽保險，跑了十趟卻依然毫無收穫。他疲憊不堪的對妻子說：「我實在不願再幹下去了。我馬不停蹄的奔波了三個月，仍是一無所獲。」

妻子愛憐的看著他：「你為什麼不再試一次呢？或許這一次就能成功呢？」

妻子的話深深觸動了他。第二天他抱著「再試一次」的決心，又來到小學校長家。這次，未等市村清開口，小學校長竟十分痛快的答應下來。這次成功以後，他的信心更足了。三個月後，他就成了九州地區最優秀的推銷員。每當談及自己的成功經驗，市村清總是意味深長的說：「我永遠忘不了妻子的那句話——你為什麼不再試一次？」

是的，為什麼不再試一次！

在美國德克薩斯州達拉斯市近郊，一個失去父母的男孩每天都凝視著那分隔開他家那幢搖搖欲墜的木屋，與格倫湖鄉村俱樂部高爾夫球場的籬笆。一個只唸到初中一年級的貧窮墨西哥裔男孩，有什麼機會打進那個世界呢？但是這個男孩有決心。首先他去做園丁，於是就有機會進入高爾夫球場了。然後他去當桿弟，黃昏時自己打幾個洞。他用膠布包住汽水瓶來打球，練習推桿。後來，李．崔維諾成為美國高爾夫球公開賽的兩屆冠軍，美國任何鄉村俱樂部都歡迎他去打球。

沒錯，崔維諾的確有天賦。可是，他首次參加美國公開賽時只打出了第五十四名。那時讓他堅持不放棄的，不是天賦，而是鍥而不捨的毅力。

高情商的人都知道，即使再聰明、再能幹的人，也有無法成功的事，但他們最終卻能實現自己的理想。如果你倣法他們，你也可以獲得理想的人生。正如作家克里斯多夫．摩雷所說的：「大人物只是屢敗屢戰的小人物而已。」許多人往往無法認識到表面上的失敗從長遠看很可能是有益的。在他們看來，要麼失敗，要麼成功——既然失敗了，那就不會成功。

而事實上，事情的結局並不能作「要麼成功、要麼失敗」的簡單劃分，介於「失敗」和「成功」之間的情況是無窮無盡的，在「我失敗了三次」和「我是個失敗者」之間有天壤之別。而且，心理上的失敗也不等於實際上的失敗。有的時候，一個人在心理上感到失敗了，而實際上他正在前進過程之中。而一個人只要心理上不屈服，他就沒有真正失敗。

功虧一簣，虧就虧在心理的失敗上。如果你在失敗時，仍能表現得像一個勝利者，信心十足，充滿幹勁，那情況就很可能會大不一樣。

在複雜的現實生活中，「失敗者」和「成功者」這幾個字，很難恰當的用在一個複雜的、活生生的、總是在變的人身上，它們只能描述某個特定時間、特定地點的情況。

此時的成功可能連著彼時的失敗，這項工作的失敗也許正蘊含著另項工作的成功。對事情只作「成功」和「失敗」的簡單劃分，這是十分有害的。

愛出風頭的人，錯誤的認為榮譽不能和失敗連在一起，似乎承認了失敗，就玷污了榮譽，一遭到失敗，就感到丟了面子。因此，在失敗面前，他們一蹶不振；或採取不承認主義，硬撐面子；或者怨天尤人，責天怪地。這種人看起來十分要強，實際上不堪一擊，是不折不扣的弱者。生活中，曾經有不少具有宏圖大志的人，就因為一次失敗，而把以前所有的勝利一筆勾銷，徹底垮了下去。

有一位大學生各門功課皆優，只因一次歌唱比賽中唱壞了，竟覺得無地自容，留下了一封對誰也沒有責備的遺書，告別了人間。無疑，他想在各方面成為「強者」，但是卻禁不住一次「打擊」，因而實際上成了十分軟弱的人。

不僅能夠安於勝利和成功，對待挫折和失敗也能安然處之，才是真正富有理性的勇士。許多人在看到強者成功時，羨慕不已，嚷嚷著要勇於冒風險，卻對自己行動中哪怕是微不足道的一點失敗都沮喪不已，這絕對算不上「大丈夫」的行為。想要成就大事業，就不要害怕和失敗打交道。

有一家鼓勵創新的企業，鼓勵創新的內容之一就是「允許失敗」。這家企業的負責人說：「要是你不心甘情願的接受錯誤，你就無法創新。如果你拒絕了失敗，實際上你也就拒絕了成功。」這裡所包含的，就是勝和敗的辯證法。

還有的人之所以害怕失敗，是因為不懂得到底怎樣才能「吃一塹，長一智」。失敗除了帶給他沮喪以外，沒有給他帶來任何東西，因此他自然而然的把失敗看成可怕而又糟糕的事。

失敗從不會讓人高興，但一旦你學會利用它，它就會為你做出積極的貢獻。比起重複過去的成功來，失敗是個更好的老師。重複過去的成功不見得使你學到新東西，而失敗則肯定能給你新的教益。

你可以從一個辦得一團糟的聚會中學會怎樣辦一個成功的聚會，你也可以從一系列失敗的方案中理出比較可行、比較成功的方案。總之，只要你動腦分析失敗，從失敗中尋找教益，你就能更快的從失敗中走出來。

對待失敗的唯一正確態度是必須正視失敗，研究失敗，在失敗面前不氣餒，主動的分析失敗的主客觀原因，端正前進的方向，只有這樣，才能敗中取勝。

面對挫折和困難應採取的態度

不管在生活中還是工作中，都難免遇到挫折和困難。這時，我們一方面要積極尋求擺脫困境的辦法，另一方面，還要堅信：沒有涉不過的水，沒有翻不過的山；終有日出雲開時候，明天必將迎來燦爛的曙光。

生活中的挫折和困難是五花八門的，沒有一種魔法能夠應付所有的困難。但是，以下幾點常識性建議是有益的：

一、不迴避問題

那種把被子拉起來捂住自己的頭、希望困難自己溜走的做法是不足取的。一旦你自己承認，有什麼問題迫在眉睫，你就能動員你內在的巨大的防禦力量。所以，應該睜大眼睛瞪著困難，衡量困難的大小，對它進行分析。那時，你就會覺得，困難並不如它外表看起來那樣可怕。

二、採取某種行動

行動是自信心的偉大締造者。缺少行動不僅是畏懼的結果，而且也是畏懼的原因。

採取行動也許你能獲得成功，也許結果不盡如人意，但是它總比坐以待斃好得多。

三、不要害怕尋求幫助

有人認為遇到困難是丟人的事，千方百計的想加以掩蓋。有人則說：「這是我個人的問題，應當由我自己處理。」這兩種態度都是錯誤的。

事實上，沒有任何人是真正靠自己就能解決一切問題的，誰都需要幫助，在我們生活的每一天中都需要別人的幫助。而且幾乎在困難的所有領域內，都有能夠幫助你的專家——包括醫生、律師、牧師等等。

你的問題如果是一個相當普遍的問題，那麼很可能曾經經歷過這種困難的人已經組成了一個團體。比如說，有過酗酒問題的人、家裡有發展遲鈍的孩子的人，這些人已經面對困難，並且都堅持挺過來了，他們

已做好準備去幫助別人面對同樣的困難。一個普通的人雖然不是專家，往往也能給你幫助。只要他同情的聆聽你的傾訴，或者給你鼓勵。

一位作家在遭受一連串嚴重的個人打擊之後，認為自己再也無法寫作了。他把這一切都告訴了他的一個朋友，並且加上一句：「別對我說那些陳詞濫調或者什麼勸告，我作為一個作家已經徹底完蛋了。」

「那好。」那個朋友說：「我不給你什麼勸告。但是我要給你說說我曾經讀過的關於詩的一些問題，詩歌是密爾頓成為盲人之後所創作的。」那個朋友所說的不過如此。但是這個作家卻回到了他的打字機旁。

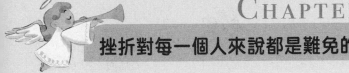

四、不要對困難一見鍾情

困難經常向我們顯示出一種令人感傷的價值，它能對懦弱的自我起一種撫慰的作用，它也能變成失敗和缺點的擋箭牌和託辭。你曾經注意過嗎？有多少人「欣賞」自己不良的健康狀況而安之若素，並把這種狀況作為一個不健康的軸心，讓自己的整個生活都圍繞著它運轉？

威廉·詹姆斯曾說過：「天才的實質就在於知道該忽視哪些東西。」為什麼不把這條規律應用來對待你的困難呢？忽視那些雞毛蒜皮的問題吧！當大的困難準備向你告辭時，你就敞開大門讓它們出去！

有人問演員瓦爾特．漢普頓，英語中哪個句子他認為是最難忘的，他從古老的黑人的聖歌中摘引出一句話：「誰也不知道我所見到過的困難！光榮啊！哈利路亞！」在這句話裡閃爍著奪目的光彩。他們承認人生是充滿痛楚、憂傷和苦難的，但是他們卻勇往直前，歡呼雀躍——最後兩個詞迴響著他們神聖的信念，人的精神力量能使他們戰勝憂傷。

這就是遇到困難時我們應當記取的。因為對我們所有的人來說，困難是一定會出現的。

CHAPTER 2

用愉悅的心去看待現實世界

情商高的人在生活中往往表現得非常樂觀和愉悅。美國心理學教授馬丁指出：「樂觀是一個人成功的重要因素。」樂觀就是以寬容、接納、愉悅和積極的心態去看待周邊的現實世界，它能很好的促進人的身心健康，激勵自己踏上成功的人生之路。

積極樂觀的心態是可以培養的。正如法國著名作家莫泊桑所說：「如果你的心中充滿了陽光，無論怎樣黑暗，你都會看到光明。」

想著好的念頭才能擁有美好的人生

你比自己所想像的你還要偉大得多。因此，你的能力也比你所想的要大得多。你對自己的態度，可以把你高高舉起；也可以把你推入絕望的深淵。你對自己的看法，可以使你歡樂，也可以使你傷心；可以使你成功，也可以使你失敗；可以使你幸福，也可以使你痛苦。

你的樂觀和自信，不但可以幫助你去做你喜歡做的工作，同時也可幫助你去享受你所進行的娛樂。它不但可以給你工作的信心，同時還可以給你享受休閒活動的樂趣。

如果你決心追求快樂，那麼對你的自評要慈悲一些，並從你最得意的時刻去看你自己。同時，讓你自己相信，這種愉快印象是以事實而非神話為基礎，是以積極的現實景象為依據的。

川普可算是一位十分傳奇的人物。差不多有十年之久，他都是紐約房地產界的大亨。他怎麼能攀升到那樣的地位呢？其原因不少。然而不容否認的是，他在二十世紀七十年代中期的紐約多家銀行倒閉風暴中，有和其他人不同的想法。

當時，很多房地產商人所想的問題是：「如果紐約這個都市沒落，我要如何保住現有的一切？」

然而，川普卻想：「當大家都為目前的情況憂心忡忡時，我要怎麼做才能致富？」他所提出的這個問題，幫助他做出了許多重大的投資決定，結果，使他成為紐約金融圈中的要角。

然而，他並未因此而滿足，反而又提出「更具野心的問題」。作為每次投資時的考慮重點，一旦他相信其中具有經濟上重大的利益時，他便會提問：「如果投資不順的話，該怎麼辦？如果發生最惡劣的狀況，我是否能控制得住？」

他認為，如果碰上了最惡劣的情況都能挺住，那麼就應該投資；情況若是較預期的為佳，就更不得了。他能提出這麼精確的問題，結果當然是不言而喻了。

就在那段經濟不景氣的時期裡，川普的生意越做越大，當時沒有人能有他這股魄力。當全球經濟風向開始好轉時，他可說真是賺足了。

如果說我們能從當代那些有特殊成就的人身上學得什麼重要的信念，那就是：唯有好的意念，才能有好的人生。而我們每個人就具有開創偉大人生的能力。

既然我們的腦子具有這樣的威力，為何有那麼多的人無法過著「快樂、健康、富裕和明智」的日子呢？為什麼又有那麼多的人終日垂頭喪氣、一副找不到生活目標的樣子呢？

你若是想使人生過得更好，就必然改變你平常提出問題的習慣，所提的問題能鼓舞你的內心，朝向成功的人生邁進。只要知道你在想些什麼，就知道你是怎樣的一個人，因為每個人的特性，都是由思想造成的。我們的命運完全決定於我們的心理狀態。愛默生說：「一個人就是他整天所想的那些。」

你我所必須面對的最大問題——事實上是我們需要應付的唯一問

題，就是如何選擇正確的思想。如果我們能做到這一點，就可以解決所有的問題。曾經統治羅馬帝國的哲學家巴爾卡斯．阿理流士認為：「生活是由思想造成的。」

沒錯，如果我們想的都是快樂的念頭，我們就能快樂；如果我們想的都是悲傷的事情，我們就會悲傷；如果我們想到一些可怕的情況，我們就會害怕；如果我們想的是不好的念頭，我們恐怕就不會安心了；如果我們想的淨是失敗，我們就會失敗；如果我們沉浸在自憐裡，大家都會有意躲開我們。

大部分的人可能都認為自己不是個成功的人，而且也認為成功對自己來說是不可能實現的，說不定早已灰心喪氣了。的確，成功的人不多，所以，你或許是個不幸的人。

但也可以如是說：其實任何人都是有成功的機會的，只是想不想去獲得它而已。因為你早已經放棄想要成功的理想，所以機會就棄你而去。如果想成功的話，首先你必須強烈的希望自己獲得成功。

建立「我確實能做到」的信念

人類是自己思想的產物。所以我們應當有高標準，提高自信心，並且執著、認真的相信必能成功。高標準會使你朝高處走。

羅伯特博士在哈佛大學主持了一系列有趣的實驗，實驗對象是三群學生與三群老鼠。他對第一群學生說：「你們很幸運。你們將和天才小白鼠在一起。這些小白鼠相當聰明，牠們會到達迷宮的終點，並且吃許多乾酪，所以要多買一些餵牠們。」

他告訴第二群學生說：「你們的小白鼠只是普通的小白鼠，不太聰明。牠們最後還是會到達迷宮的終點的，並且吃一些乾酪，但是不要對牠們期望太大，牠們的能力與智能都很普通。」

他告訴第三群學生說：「這些小白鼠是真正的笨蛋。如果牠們能找到迷宮的終點，那真是意外。牠們的表現自然很差，我想你們甚至不必買乾酪，只要在迷宮終點畫上乾酪就行了。」

接下來的六個星期，學生們都在科學的指導下精確的從事實驗。天才小白鼠就像天才人物一樣的行事。牠們在短期間內很快就到達了迷宮的終點。

你期望從一群「普通小白鼠」那裡得到什麼結果呢？牠們也會到達終點，但是在這個過程中並沒有寫下任何速度記錄。至於那些愚蠢的老鼠呢？那更不用說了。牠們都有真正的困難，只有一隻最後找到迷宮的終點，可以說是一個明顯的意外。

有趣的事情是，根本沒有所謂的天才小白鼠和愚蠢小白鼠之分，牠們都是同一窩小白鼠中的普通小白鼠。這些小白鼠的成績之所以不同，是參加實驗的學生態度不同。

簡而言之，學生們因為看到小白鼠不同才採取了不同的態度，而不同的處理導致不同的結果。學生們並不懂得小白鼠的語言，但是小白鼠懂得態度，而態度就是語言。

人生的法則就是信念的法則。那些你所接受的理性法則和你認為正確的信條都被你實現了嗎？要努力去瞭解印在你潛意識裡的一切，它們以後將會從你的經驗之中顯現出來。請你學著去相信自身潛在意識的功能，然後沉思一下，你心底真實的感受是否全面的支配著你的人生。

請相信這一巨大財富吧！這樣，這一巨大的財富將會屬於你。在「運氣」這個詞的前面應該再加上一個詞，就是「勇氣」。相信運氣可支配個人命運的人，總是在等待著什麼奇蹟的出現。這種人只要他上床稍稍躺一下，就會夢見中了樂透彩，或者是做像挖到金礦般能突然致富的夢。

至於那些不這樣想的人，就會依據個人心態的趨向為他自己的未來去塑造、成形使它具體化。為了讓自己成功，除了瞭解能使自己成為勝利者的才能之外，更要毫無倦怠的工作。

依賴運氣的人們常常有滿腹牢騷，只是一味的期待著機遇的來臨。至於獲得成功的人，他覺得唯有信念方能左右命運，因此他只相信自己的信念。

在普通人看來不可能的事，如果當事人能從潛在意識去認為「可能」，也就是相信可能做到的話，事情就會按照那個人信念的強度如何，而從潛意識中流出極大的力量來。這時，即使表面看來不可能的一些事，也可以完成。

工作時也一樣，沒資本沒什麼關係。在不景氣中喘息奔波而能漸漸露出頭角，得到成功的例子也有很多。那是因為他能夠不管別人說「那不可能」的話，而抱著「我一定要把那件事完成給你看」的信念之故。

與許多在各種職業中失敗過的人談話後，你能瞭解無數失敗的理由和藉口。比如他們會無意中說：「老實說，我原來就不認為它會行得通。」或「我在開始前就感到不安了。」或「事實上，我對這件事情的失敗並不覺得太驚奇。」他們大多都採取「我暫且試試看，但我想不會有什麼結果」的態度，結果最後導致了失敗。

「不相信」是消極的力量。當你心裡不以為然或懷疑時，就會想出各種理由來支持你的不相信。懷疑、不相信、潛意識認為要失敗，以及成功的慾望不夠強烈，都可能是失敗的主要原因。

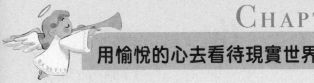

成功意味著許多美好、積極的事物。成功——成就，就是生命的最終目標。人人都想要成功。最實用的成功經驗，那就是「堅定不移的信心能夠移山」。可是真正相信自己能移山的人並不多，結果，真正做到「移山」的人也不多。

有時候，你可能會聽到這樣的話：「光是像阿里巴巴那樣喊『芝麻，開門！』就想使山真的移開，那是根本不可能的。」說這話的人把「信心」和「想像」畫上了等號。沒錯，你無法用「想像」來移動一座山，也無法靠「想像」實現你的目標。但是只要有信心，你就能移動一座山。只要相信你能成功，你就會贏得成功。

信心起作用的過程是這樣的：相信「我確實能做到」的態度，產生了能力、技巧與精力這些必備條件，每當你相信「我能做到」時，自然就會想出「如何去做」的方法。

用積極樂觀的情緒救了自己

拿破崙．希爾指出：對於那些有積極心態的人來說，每一種逆境都隱含著一種等量或更大的利益種子。

西元一九三九年，德國軍隊佔領了波蘭首都華沙，此時，卡亞和他的女友迪娜正在籌辦婚禮。然而，卡亞做夢都沒想到，他和其他猶太人一樣，光天化日之下被納粹推上卡車運走，關進了集中營。

卡亞陷入了極度的恐懼和悲傷之中，他在不斷的遭到摧殘和折磨，情緒極不穩定，精神遭受著痛苦的煎熬。同被關押的一位猶太老人對他說：「孩子，你只有活下去，才能與你的未婚妻團聚。記住：要活下去！」

卡亞冷靜下來，他下定決心，無論日子多麼艱難，一定要保持積極的態度和情緒。

所有關在集中營的猶太人，他們每天的食物只有一塊麵包和一碗湯。許多人在飢餓和嚴酷刑罰的雙重折磨下精神失常，有的甚至被折磨致死。卡亞努力控制和調適著自己的情緒，把恐懼、憤怒、悲觀、屈辱等拋之腦後，雖然他的身體骨瘦如柴，但他的精神狀態卻很好。

五年後，集中營裡的人數由原來的四千人減少到不足四百人。納粹將剩餘的猶太人用腳鐐鐵鏈穿成一長串，在冰天雪地的隆冬季節，將他們趕往另一個集中營。許多人忍受不了長期的苦役和飢餓，最後橫屍於茫茫雪原之上。在這人間煉獄中，卡亞奇蹟般的活了下來。他不斷的鼓舞自己，靠著堅忍的意志力，維持著衰弱的生命。

西元一九四五年，盟軍攻克了集中營，解救了這些飽經苦難、劫後餘生的猶太人。卡亞活著離開了集中營，而那位給他忠告的老人，卻沒有熬到這一天。

若干年後，卡亞將他在集中營的經歷寫成一本書，他在前言中寫道：「如果沒有那位老者的忠告，如果放任恐懼、悲傷、絕望的情緒在我的心間瀰漫，很難想像，我還能活著出來。」

是卡亞自己救了自己，是他用積極樂觀的情緒救了自己。在研究如何保持積極態度的問題時，心理學家提出了「利導思維」的概念。所謂利導思維，就是把一切思考導向對自己有利的方面，也就是遇事往好的方面考慮，盡想些愉快的事情。

利導思維是一種樂觀的思維方式，反映了一個人積極向上的生活態度。經常進行利導思維對人有很多好處：一是有利於人的身心健康；二是有利於克服困難，戰勝挫折，身處逆境仍堅持樂觀；三是有利於處理好人際關係。

那麼，深處逆境之中的時候，我們該怎樣進行利導思維呢？如下建議可供參考：

一、凡事多從正面理解

很多事情，既可以從正面理解，也可以從反面理解。有一句格言：「生活有風浪並無惡意，它只是要我們更堅強些。」這是教我們從正面去理解生活的風浪。

二、在不利的事情中看到有利因素

利導思維教我們睜大眼睛從不利的事情中尋找美好，發現美好，提取美好，放大美好。

俗話說：「失敗是成功之母。」不管是暫時的挫折還是逆境，都不會在一個人意識中成為失敗，只要這個人把挫折當做是一種教訓。對於有積極心態的人來說，身處逆境，可以磨煉他們的意志、陶冶他們的情操，昇華他們的精神。

三、改變認知角度

看問題的角度不同，所看到的東西就不一樣，由此而產生的心理感受也是大相逕庭的。有一個故事：

幾年前，電視轉播音樂大師梅達的音樂會。梅達出場前被掛了一個花環。當他上台起勁的指揮樂隊時，花瓣紛紛落到腳下。

一位男士有點憂傷的說：「到樂曲完畢的時候，他脖子上只會掛著一道繩索。」而一位聰明的女士則說：「等他指揮完，他會站在一堆可愛的花瓣之中。」

兩個人的視角不同，看到了截然不同的情景：男士看到的卻是「一道繩索」，而聰明的女士看到的是「可愛的花瓣」。可見，只要改變了認知角度，就會產生完全不同的感受。

四、調整比較對象

從前，有一個盲人性格十分開朗，生活非常愉快。

有人問他：「作為一個盲人，你不感到痛苦嗎？」

盲人回答說：「我痛苦什麼呢？和聾子相比，我能聽見聲音；和啞巴相比，我能說話；和下肢癱瘓的人相比，我能行走。」

眼睛失明了還絲毫不痛苦，這是因為他調整了比較對象和方法，是用自己的優勢去比人家的劣勢，用自己的長處去比人家的短處。這樣相比，比出了自豪感，比出了優越感。

五、優化情緒

思維方式影響一個人的情緒。比如利導思維產生積極的情緒體驗，而弊導思維則產生消極的情緒體驗。反過來，情緒也會影響思維。積極的情緒推動利導思維，而消極的情緒則拉動弊導思維。比如，自卑者看不到自身的優點，看到的全是缺陷與不足；憂鬱症患者的眼裡沒有明媚燦爛的春光，只有蕭瑟淒涼的秋風。

我們要培養正面的、積極的、良好的情緒，消除負面的、消極的、惡劣的情緒，以便利導思維的順暢展開。

保持樂觀態度，是取得成功的關鍵

你對於現實抱什麼樣的觀念，會給你的思想方法和行為舉止塗上什麼樣的色彩。你心目中的現實，是你自己設計和建造出來的。

在日常生活中，你是注意到充滿青春活力的色彩絢麗的極樂鳥呢？還是埋頭為旁邊的雜草傷神呢？在雨後，你是會因呼吸到清新的空氣而現出微笑呢？還是兩眼盯著道路上的泥濘呢？當你走過一面鏡子，無意中看到自己的影像時，你看到的自己是一副喜色？還是一副愁容呢？

保持歡快樂觀的態度，是取得成功的關鍵。同樣一件事情，常常既可以說成是「好事」，也可以說成是「壞事」；既可以說成是「幸事」，也可以說成是「倒楣事」。到底如何看待，一般都取決於個人習慣，而不在於實際上發生的事情本身。

你有對於自己的生活道路起主要影響作用的力量。如果你認準了什麼事情都很糟，你就有可能不知不覺的給自己營造了不愉快的環境。一旦你覺得厄運即將臨頭，你就會做出一些起消極作用的事情，使你的預言真的應驗。

反之，如果你把內心的思想和言談話語都引導到奮發的方向上去，你就會打開一條積極的思路。於是，你講的話也就跟你的樂觀情緒比較一致起來。你會驚奇的發現，你自己的行動也非常積極起來。

如果你相信今天會過得很好，而且明天會過得更好，你就會往好處去做，很注意的把日子過好。你將要使自己的預言成為現實。不幸的是，我們很少有人記得以前發生過的好事，也很少有人「相信」將來會出現好事情。

一位心理學家指出，失敗者的意志是消沉的。他們像負重的牲畜一樣，把沒有解決的老問題、老矛盾背在身上，天天翻來覆去的念叨他們那些煩惱事情。那些煩惱事情好似鐐銬那樣，鋃鋃鐺鐺的一輩子纏著他們。

對於情緒消極的失敗者來說，幾乎根本沒有過歡笑愉快的經歷。他們把現時可能享受的歡樂也失去了，因為他們還在回味昨日的不愉快的記憶，沉淪於今日喚起的痛苦之中。

失敗者最難忘懷的便是失望和厄運。他們整天想著消極的事情，談了又談，算了又算，而且牢牢的記著，準備將來還要談這些事情。

失敗者沒完沒了的提起過去的倒楣事：

——從我父親去世以來，沒有一件事情像從前那樣順利。

——我永遠也忘不了小時候家裡多麼窮。

——我以前總得穿哥哥姐姐穿剩下的破舊衣裳，覺得非常丟人。

——以前我的朋友一來找我，母親就大喊大叫的找我的麻煩。

——上學的時候，同學總是拿我太胖（或者太瘦、太高、太矮等等）開玩笑。

失敗者一遇到不順利的事情就怨天尤人：

——什麼事情出了毛病都是我受責備。

——我們家的問題就是誰也從來不為我考慮。

——在這個城市裡，要碰見一個好人是不可能的。

——我連一件可穿的衣裳都沒有。

——在這種年頭，不可能做成事情。

失敗者總是覺得將來會倒楣：

——照我這種運氣，這批存貨一定不受歡迎。

——明天一定會下雨，出門一定會變成落湯雞。

——我一定會迷路，再也找不到那個地方了。

——照現在這種進度，只能自找苦吃。

——這件事對你來說太吃力了，會把你搞垮的。

這種莫名其妙的洩氣話，總是包圍著失敗者，就像監獄四周的牆一樣。他們把前途看得一片黯淡，連氣都透不過來，於是把整個氣氛都破壞了。

失敗者不管要做什麼事情，處處碰上他們自己設下的牢籠，處處都應驗了他們自己那些消極洩氣的話。

失敗者怎麼可能得到任何歡樂呢？肯定是不可能的。更重要的是，如果你對生活前景的看法是消極的，你就不可能歡樂。

一位心理學家曾經為許多患者諮詢過，他們一開始接受治療的時候腦子裡想的都是事情的陰暗面。不管他們的處境究竟如何，他們總是一件一件的品味每一次失敗，算計每一次倒楣的事，琢磨每一個有缺陷的地方。他們極難得高興得露出笑容。他們不管處在什麼地位，總是覺得不對頭、不自在、不理想。他們要是在北部，就想著去南部；如果是晴天，他們就盼著下雨。

當他們的情人對他們愛撫關懷的時候，他們會覺得甜得發膩。但是，如果他們的情人說了個「不」字，或者太忙沒有時間，他們又抱怨受到了冷落。總而言之，從來沒有一件事情順心。

這位著名的心理學家在英國的時候，曾經為一對夫婦提供過諮詢，他把他們倆人稱做「可憐太太」和「熱情先生」。

在給他們做心理治療期間，心理學家對他們倆人在觀點上截然相反的情況有很深的印象。即使是他們倆人一起遇到的事情，兩個人的看法也大不相同，很難相信他們談的是同一件事。

比如說，他們去參加了一個晚宴，兩個人形容起這一晚上的情況，評價和感覺都顯然不同。

「可憐太太」會詳詳細細把他們參加的那次「糟透了」的晚宴講上一番，抱怨吃得不好，客人們沒意思，主人冷落了她，一晚上很無聊。一聽就知道，她當時特別難受。

她的丈夫「熱情先生」則興高采烈，連說帶比劃，講的情況跟他太太形容的完全相反。

「我當時開心得要命。」他喜形於色的說：「那次晚宴好極了，痛快極了！那麼多客人都很有趣，菜非常出色，主人也周到極了！」

他們講的可能是同一次晚宴嗎？顯然，這對夫婦在基本態度上的傾向性是不一樣的，所以對於同一個社交場合的感覺才出現了戲劇性的分歧。

他們一個人把精力集中在挑毛病、發牢騷和吹毛求疵上，於是看到的都是毛病；另一個打定主意去開心，於是過得很高興。他們倆人參加的晚宴的確不是一回事，而且各在自己的天地裡生活。

你喜歡跟哪一個人相處，是「熱情先生」還是「可憐太太」呢？你覺得自己如何呢？你常常覺得倒楣和惱火，還是能夠抓住生活當中可能得到的機會去歡樂和發展自己呢？要是你總是不斷的表白消極的想法，就會使人疏遠。

失敗者一般都認為，各方面的條件必須都很理想，情緒才能積極。他們堅持認為，任何一方面差一點都不行。這種觀點是十分荒唐的！

成功者無論在什麼環境下，都尋找事物好的方面，而且能夠找到。即使在遇到有很多痛苦和挫折的場合，他們也是如此。

我們當中的許多人，都要在一生當中的某些關鍵時刻遇到令人痛苦和沮喪的災禍或難於忍受的環境條件。但是，翻來覆去的向別人訴說傷心事和麻煩事，並不是健康現象。不要浪費寶貴的光陰去重提你那些心中不平的事情——要講究些實效！

在度過艱難時期的時候，要盡最大努力把自己的積極因素全部調動起來。要努力找出有創造性的克服困難和解決問題的辦法來。

在這樣做的時候，要發揮你的創造性和想像力，而不要說起消極作用的話。要設法看一看，當你扭轉了逆境並且提高了生活本領的時候，你會感到自己是如何強大有力。

重複那些一度困擾過自己或者使自己發火的事情，是無助於目前的。所以，不要再發牢騷、訴委屈，而要去動手做點什麼事情！

不要再去想已經失去的東西

「不要計算已經失去的東西，數數還剩下的東西。」這是英國的哥特曼博士的一句名言。美國著名的成功學大師奧里森・馬登說：「你必須設定對你有意義的目標；你必須知道何去何從。假如現在沒有通暢的公路，即使你有一輛嶄新的跑車，又有什麼用？」

二次大戰期間，有一個猶太女人，眼睜睜看著德國納粹黨把她三個月大的小嬰兒摔死，並把她和她的丈夫關進集中營裡，從此兩地相隔，不通音訊。她在集中營裡受到慘無人道的虐待，德國兵動不動就把她打得血流滿面，她過著地獄般的生活，未來一片晦黯。

有一天，她突然看到集中營外面走過一個小女孩，拿著一朵花。當時她想道：「有朝一日，我也要拿著一朵花，在外面的世界走！」就是這個小小的心願，使她重新點燃生命的火花，堅強的活下去。終於在三年後，德國戰敗時，她離開了集中營，跟自己的丈夫團圓了。

我們現在的生活比這位女士好得多，物質文明的發達，各方面都提供給我們莫大的便利，為什麼現代人反而覺得心裡很空虛？覺得每天的生活只是一連串的呆板和無奈呢？也許那正是因為我們沒有明確的生活目標。

每個人都有自己獨特的一面，都有自己獨特的想法和做法，用不著處處跟別人比較，或迎合別人的要求。天生我材必有用，各人有各人的目標。

一件事情，只要自己認為很有意義、很重要，就是一個值得努力的目標。例如，完成一件很艱巨的工作，或親手烘製一個蛋糕與朋友分享，都是一種成就，可以帶來無限的喜悅。

人生沒有一帆風順的，也沒有十全十美的人。如果始終念念不忘過去的失敗，而錯過許多生活樂趣，實在是很可惜的。我們的眼睛生在前面，就是要我們往前看，替未來打算的。

人一生的所有一切，是由人的思維而決定的。當滿滿一杯水倒掉一半，那麼你看到的是「剩下的一半」，還是去想「已經被消耗了的一半」？

失去什麼東西時，別再去想已經失去的那個東西，要看一看還剩下什麼東西。抱有這種思維習慣的人太少了。正如詩人丁尼生所說的：「從失望中不會產生任何東西。」總去想那些已經失去的東西，這種悲觀主義者，常常煩惱或者緊張、不安。

例如，帶五百元出門，可是其中三百元在途中遺失。如果是一個悲觀主義者，就會動輒想起已經遺失的三百元，唉聲歎氣。那麼，後悔、懊惱的情緒總是困擾著他。

另一方面，樂觀主義者則認為：「還好，還剩兩百元呢！」「要是一塊錢都不剩，那不是什麼也做不了嗎？」三百元已經不會失而復得，這是既成事實。如何看待這個問題，決定了你的精神狀態的好壞。

是注意已經失去的東西，還是珍惜仍存在的東西？習慣於運用哪一種思考方式，決定你的人生是灰暗、憂鬱的，還是明朗、愉快的。

不論在任何悲慘的情況下，積極思維方式本身決定了你是幸運的，並且你對生活會比較滿意；相反，原本是非常幸運的情況，也因為你的消極方式本身，而使你總是不滿意，憤憤不平。

肯定一切並積極向前進取，這種思維方式是保護你自己不受困擾、不受傷害的強大武器。只要一個人擁有這一武器，就能夠在人生的各式各樣的考驗中獲取勝利。

加強積極的人生態度

積極是一份活力，使你對於眼前的一切感覺到充滿生機，使你喜歡參與任何活動，看到每件事物。

日常生活中的人們有兩種態度：一是積極態度，一是消極態度。為了成為一個樂觀而成功的人，必須去掉心中的消極思想，讓精神世界只有積極思想，除此以外，別無其他。

以下五項原則，可以幫助每一個追求卓越的人培養和加強積極的人生態度。

一、從言行舉止開始

許多人總是傾向於等到自己有了一種積極的感受再去付諸行動。他們實際上是在本末倒置。積極的行動會導致積極的思維，積極思維會導致積極的人生態度，而態度是緊跟行動的。

如果一個人從一種消極的人生態度開始，而非付諸行動，總是等待著感覺把自己帶向行動，那他永遠也成不了夢想中的卓越者。

二、用美好的感覺和信心去影響別人。

隨著你的行動和思維日漸積極，你會慢慢獲得一種美滿人生的感覺，信心倍增，人生中的目標感也越來越強烈。

緊接著，別人會被你吸引，因為人們總是喜歡跟積極樂觀者在一起。情商高的人，往往懂得如何運用別人的這種積極響應來發展積極的關係，同時也幫助別人獲得這種積極態度。

三、重視與你交往的每一個人。

我們生活在一個快節奏的世界裡，大多數人來去匆匆，一心想著要完成自己的任務。他們往往疏於騰出時間與他們所交往的人談心。如果你能關心並重視他們，就會對他們產生很好的影響，你會使他們的人生更有價值，他們也會給你更豐厚的報答。

我們每個人都有一種慾望，即感覺到自己的重要性，這是普通人自我意識的核心。如果你能滿足別人心中的這一要求，他們就會對自己，也對你抱積極的態度，使別人感到重要的同時，別人也會反過來使你感到重要。因為大多情況下，你怎樣對待別人，別人也會怎樣對待你。因此，一定要學會重視與你交往的每一個人。

四、尋找每個人身上最好的東西

尋找每個人的優點和使別人感到受讚賞可以起到相似的作用。最差勁的人身上也有優點，最完美的人身上也有缺點。你眼睛盯住什麼，你肯定就能看到什麼。

如果你總是尋找別人身上最好的東西，就會讓你對他人留有美好的印象，也會使他們對自己有良好的感覺，能促使他們成長，努力做到最好，並且創造出一個積極的、卓越的生活和工作環境。

情商高的人懂得尋找每個人身上最好的東西，而不是抱著吹毛求疵的眼光去審視或指責別人。

五、尋找最佳的新觀念

在生活中，情商高的人，時刻在尋找最佳的新觀念，這些新觀念能增加他們的成功潛力。有些人錯誤的認為，只有世界上的天才人物才會想出好主意。事實上，要找到好主意，靠的是態度，而不是能力。

一個思想開放、有創造性的人，會哪裡有好主意就往哪裡去。在尋找的過程中，他從不會輕易放棄，因為他知道，新觀念對他來說，就意味著價值和財富。

態度積極與否，決定你的事業能否成功，成功者一定是具有積極的人生態度的人。

凡事都往好的方面想

要想心情好，做事順利，減少生活中的挫折感，凡事就得要向好的方面想。

你是不是常常這樣想：

「事事總是不如我願。」

「我一定無法準時做好的。」

「我老是把事情弄得一團糟。」

要是你的思想灰暗悲觀，你的一生也注定會是如此。因為那些消極洩氣的話，根本不能給你什麼支持鼓勵，只會打擊你的自信心。

下面是一些值得每個追求卓越的人嘗試的可行的方法：

一、客觀的分析憂慮和害怕的事

海倫第一次去見她的心理醫生，一開口就說：「醫生，我想你是幫不了我的，我實在是個很糟糕的人，老是把工作搞得一塌糊塗，遲早會被辭掉的。就在昨天，老闆跟我說我要調職了。要是我的工作表現真的好，幹嘛要把我調職呢？」

可是，慢慢的，在那些洩氣話背後，海倫說出了她的真實情況。原來她在兩年前拿了個工商管理碩士學位，有一份薪水優厚的工作。這哪能算是一事無成呢？

針對海倫的情況，心理醫生要她以後把心裡想到的話記下來，尤其在晚上睡不著覺時想到的話。

在他們第二次見面時，海倫列下了這樣的話：「我其實並不怎麼出色。我之所以能夠冒出頭來，全是僥倖。」「明天定會大禍臨頭，我從沒主持過會議。」「今天早上老闆滿臉怒容，我做錯了什麼呢？」

她承認道：「單在一天裡，我列下了二十六個消極思想，難怪我經常覺得疲倦，意志消沉。」海倫聽到自己把憂慮和害怕的事唸出來，才發覺到自己為了一些假想的災禍浪費了太多的精力。

如果你感到情緒低落，可能是因為你也像海倫那樣，老是在給自己灌輸消極的信息。

如果是這樣，建議你聽聽自己內心在說的話，把這些話說出來或寫下來。久而久之，你就會發現，許多消極的念頭都是多慮，這樣你便能控制自己的思想，而不是被思想套牢了。到了那個時候，你的思想和行動也會改變。

二、剔除自我評價的消極字句。

艾瑪在心裡常常對自己說：「我只是個祕書。」馬克則常提醒自己：「我僅僅是個推銷員。」「只是」和「僅僅是」這些字眼不但貶低了他們的工作，也貶低了他們自己。

把消極的字眼剔除掉，你才能更好的發展自我。對艾瑪和馬克來說，「只是」和「僅僅是」正是罪魁禍首。一旦這些字眼剔除掉了，變成「我是個推銷員」，或「我是個祕書」，它們的含義就大為不同，而且在後面還可以接上一些積極的話，例如「我可以做得比別人好些」，這樣你對生活就會充滿信心。

三、果斷的打消消極的想法。

只要消極的想法一出現，你就應該用一句「停止」的口令，把它打消。在理論上，叫停很容易辦得到，但實際上做起來可並不那麼簡單。你必須堅毅不撓，才能奏效。

艾米莉不到三十歲，未婚，在一家大公司擔任行政主管，工作勤奮。小時候母親過世，由父親撫養成人。父女倆相處得很融洽，但父親對她事事呵護備至，給艾米莉填了滿腦子的憂患意識。艾米莉長大後也這樣，以致凡事都要憂慮一番。

她很喜歡同部門的一位男同事，很想約他吃飯。但內心的疑慮使她躊躇不前：「主動跟男同事約會是不大好的。」或「要是他不答應，那多丟臉。」後來艾米莉遏止了內心的憂慮，向他提出約會，而他非常高興的接受了邀請，並由此拉開了戀情的序幕。

四、不去想令人心煩的事。

有年輕的母親這樣述說她自己的體驗：「每天晚上，我躺在床上總是睡不著，思潮起伏：『我對孩子是不是太嚴苛？』『客戶打來的電話我回了沒有？』」

「最後，我實在忍受不住了，乾脆不去想令人心煩的事，而是回想和孩子在動物園一起度過的快樂時刻，我記得她對著猩猩大笑的樣子，不久我腦海裡全是些美麗回憶，我也跟著進入夢鄉。」

在閒暇的時候，不去想令人心煩的事，而是盡量去想一些積極、快樂的事情，對調整你的情緒和保持陽光的心態是非常有幫助的。

五、改變自己的思考方向

你可曾有過這樣的經驗：一天下來，你感到不大開心，但突然有人對你說：「我們出去逛逛吧？」你的心情定然立即豁然開朗起來。改變思考方向，心境也會輕鬆起來。

現在就把自己的思考方向改變一下。你精神緊張是因為有一項龐大工作必須在星期五完成，而你打算在星期六和朋友一起去買東西。那麼就把自己的心情由「星期五的工作」轉為「星期六的尋樂」吧！

你應該多練習這種技巧，把痛苦焦慮的心情轉化為積極解決難題的態度。要是你搭飛機老擔心發生空難，那麼就在飛機起飛或降落時，專心觀察機場附近燈火和道路織成的圖案。在飛行途中，想一些地面上能分散你精神的事情。

改變你的思考方向，你便能學會從不同的角度來看自己和周圍的事物；要是有一件事你認為是做得來的，改變思考方向可增加你的成功機會。

記住：憂慮會使你陷於困境，而處事樂觀會推動你向前。

積極戰勝沮喪和消極

從消極中尋找積極，最重要的方法是首先你自身應當積極起來，而不是試圖從周圍或者別人身上去尋找。

我們每一個人在現實生活中是很難避免失敗、困難和挫折的。一旦遇上它們，從心理的角度而言，我們絕大多數的人都會感覺到沮喪和消極，這種消極的情緒對我們的成功是一種極其有害的影響。

下面是一些幫助我們從消極中尋找積極的重要方法和建議。

一、你自己應強調積極，力圖使你的生活每天都有所改變

墨守陳規和抵制變革是人類的天性，但你必須教會自己嘗試新途徑。在未學到新東西前，不要浪費任何一天。

成功的生活，往往是一種冒險。事實上就是這樣，如果你能找到一

種方法，使每天都冒險——這種冒險可以是你決定改變一種以前沒做過的一樣小事而已，你會發現，你的生活變得更有成果，更豐富和更有情趣。你也會對其他東西更有興趣，進而使你更加積極起來。

總之，冒險、嘗試、探索都是為了更積極的生活。成功的人永遠不停止探索和嘗試。

二、讚美別人的優點

相信我們大家身上都深深的蓄積有信心，只是它常常被淹沒和未利用而已。當然，要拿出信心是需要訓練的。這種訓練的方法是和其他人交談，在交談中注意對方，樹立自我信心。每個人都有信心，如果你找出它的話，你就會真正的表達友誼、愛和快樂——這三者能幫助你成為一個成功和有成果的人。

如果在社交場合遇到某人，從他身上你找不到任何值得談論的積極方面，那你最好保持沉默。但如果你能找到值得談論的好方面，那就不要保持沉默了。你應該把好消息告訴熱切希望聽到的人。

例如，如果有人有一雙非凡明亮的眼睛，這雙眼睛使四壁生輝，那你就稱讚他的這雙眼睛；如果他有一副柔和悅耳的嗓音，那你就告訴他，聽他說話是多麼令人愉快。無論你發現別人什麼值得讚揚的東西，你都要讓他知道。

讚揚別人的優點也有利於說話的人。因為後者逐漸養成表達有用或有建設性思想的習慣，這種傾訴能幫助你建立友情，並有助於你從消極中發現積極。

三、努力避免流言。

流言是一種壞習慣。那些在消極中積極的爭取成功的人應避免這種壞習慣。多數流言是不利的消息，它常常充滿誇張和謊言。希望在事業上成功的人、希望受人尊敬和歡迎的人，應努力避免流言。這樣，才能有利於使自己的心境經常保持積極狀態。

提高情商，感受幸福的祕訣

一個心態樂觀的人在生活中總是充滿激情的；反之，一個充滿激情的人也總是積極樂觀的。

在我們的任何生命階段，都可以以不同的方式追求不同的激情。提高情商，感受幸福的祕訣之一，就在於能依生活狀況的改變，讓激情穿梭於生命。我們都有很多的激情。人類本質的複雜性使得我們與生俱來有一種激情的種子，雖然只有某種激情對我們具有較重大的意義，我們不會因為擁有某類激情，就把另一種激情排斥在外。我們可以同時或選擇性的追求激情，就看哪種形式最適合我們的個性。

當我們讓激情融入生活時，我們會找到維繫激情的方式，不管是在原有的激情受到威脅時發覺新的激情，或是重拾一些往日激情，都可伴

我們走過人生困境。

心理學家指出，激情可以孕育激情。如果你能在某個時段把自己投入一項激情當中，就等於為自己多次打開追求激情的一扇窗。

激情可能是一種生活形式。充滿激情的人都瞭解這點，一旦生活中少了激情，他們就會痛苦萬分，他們會努力讓自己永遠充滿激情。

當你決定讓激情融入自己的生活，就等於進入激情整合階段，你的生活成為內心世界的反映，生活的每個層面，包括工作、家庭、休閒都能反映出什麼對你是重要的。當然，你不可能每一時每一刻都處於興奮狀態。但你所從事的活動、你去的地方、你見到的人，都可以引發你的激情，讓你永遠保持滿腔激情。

我們都可以享受激情的魔力並且發揮自己的潛力，實現自我成就。只要你願意參照以下步驟去做：

一、從內心出發

邁出第一小步總是最難的。坦承和接受內心——最大力量的來源，也是最大的弱點，是改善生活的鑰匙，但做起來並不容易。

從小接受的教育讓我們認為，力量來自於智慧而非感情。要從內心出發，我們必須先克服對感情和慾望的成見，並且肯定它們具有無比的威力。我們必須跨越自己所畫的框框，如：恐懼、懷疑、不安全感，放手去擁抱自己的潛能。

二、發覺激情

發覺激情，包括接觸可以激發激情的事物，辨識伴隨而來的感受。發覺是一種漸進的過程，可能找到已被遺忘的激情和發覺到新的激情，或確認目前已感受到卻不瞭解的激情。

在這個過程當中，你必須面對自己的弱點——自我懷疑、恐懼，找到讓激情燃燒生命的勇氣。不管你處於那個人生階段，很可能已遺忘了激情。孩提時代，我們完全被感情所左右，我們毫無恐懼放手去做會讓我們感動的任何事情，我們沉迷於好友、嗜好和音樂團體。

等到長大成年後，我們經常會說服自己這些激情是幼稚且不切實際的。成年後仍未放棄激情的人，通常會認識到：必須有所節制，才能適應現實的世界。我們就像一隻折翼的小鳥，知道自己可以展翅高飛，如今卻無力飛高。

不管激情被埋得多深，總是可以被發覺出來。如果你從未找到自己的激情，就必須解放自己，讓自己去接觸各種機會和經驗，才能發覺自己的激情。閱讀、上課、和朋友聊天、參加各種活動，都有助於這個目的。

如果你還無法強烈感受到會讓自己感動的事物，就得花更多的時間去確認。如果你喜歡和朋友一起上健身房，真正讓你迷上這件事的原因是什麼——健身？或吵鬧的音樂讓你感到興奮？或者是友誼的培養？

檢討自己的經驗和觸動你的感受，就可以決定自己的激情所在。此時，你才可以利用激情去改善生活。

三、澄清目的

一旦發現和確定自己的激情後，必須弄清楚發揮激情的目的所在，是追求名利、個人成長，還是豐富人生、追求世界和諧。

你所界定的目的，將決定你追求激情的方式，也將提供執行激情計劃的理由。

目的是由激情孕育出來的，決定目的就等於向前邁進一步。激情是你的一部分，目的卻是你可以創造的事物，它可能是激情的自然延伸，也可能是原因所衍生出來的事物。

例如，你喜歡和別人共處，追求這項激情的目的可能是賺錢維持生活，也可能是自我實現、改善他人生活或讓世界更美好。這就看你著重哪個目標。你可以做顧問工作，或利用閒暇當志工，或者為人父母，來滿足和別人共處的激情。

一位哲人說：生活中那些最快樂和最成功的人們，是那些設法將自己的天賦和熱情與明確的目標或目的結合起來的人們。透過這種結合，他們就會充分發覺和利用身邊的各種資源，並且充滿信心的去努力。

四、確定行動

在確定目的後，需擬定行動計劃，確定採取哪些行動來實現目的。有人或許會認為，激情是一股不受限制、自然發生的力量，似乎不可能跟著計劃走。的確，激情威力強大無比。但為了讓它生生不息，需要賦予它一個結構，藉著激情的擴大，可增強激情的威力。

行動計劃能夠、事實上也必須涵蓋生活或事業的不同層面。這不是讓你按部就班執行的一連串步驟，而是兼顧許多不同領域的藍圖。

假設你發現自己最熱衷的是健身，平常你就會上健身房，而且相當注重飲食，這似乎不足為奇。令人吃驚的是，你希望改變健身對生活所具有的意義，你希望把健身的樂趣轉移到其他生活領域，或許換個可以更大發揮這項激情的工作，你打算如何著手呢？

首先，你不可以辭掉工作，靠減肥食譜過日子，這個激進的做法並不能保證成功。你可從瞭解更多與健身相關領域著手，詢問健身俱樂部教練的工作情形，或者為朋友規劃健身計劃，或者考慮出版相關書籍。

只要開放你的心胸，你會發現到處都是機會，而且唾手可得。對以前的生活有自信，也準備好迎接新的生活，是接受改變應持有的一種心態，你可以用自己能承受的速度把激情整合到生活中。雖然你對計劃執行會感到膽怯、挫折，但只要認識到行動和激情是一致的，而且關係到能否實現目標，你就能面對挑戰，並放手去做。

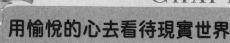

五、熱心推動

一旦計劃擬定，下一個步驟就是執行，這個步驟讓你的激情開始接受考驗。

發現、確認激情，並擬好計劃後，除非你能將激情融入生活，否則，一切都徒勞無功。把激情付諸行動的第一個步驟最困難，因為這可能要求你脫離安全地帶，冒一定風險，每個人面臨的風險都不相同，但回報卻是相同的。有人需克服恐懼、放下自尊、犧牲穩定收入，但只要克服這些問題，燃燒激情的每個步驟會變得更輕鬆。你會更懂得享受經驗，更有信心做出選擇，讓自己的人生更加美好。

一旦你投入激情去執行計劃，你看到的將是機會、可能性，而不是障礙、限制。你將親身目睹激情的威力，並瞭解什麼是推動成功和改變的一股重要力量，你會開始創造自我的成功模式。簡單的說，你會成為激情者。

六、持續追求激情

實現目標或許需要長期計劃來推動，成功之路或許沒有捷徑，也可能崎嶇難行，面臨障礙或意外狀況時，你的激情可能會降溫。此時，你必須深入內心，並找到堅持下去的資源。人類的最大弱點之一是喜歡找藉口。

我們放棄節食，就怪減肥食譜無效；勉為其難的推行新年度解決方案，就怪規劃時有明顯的錯誤；放棄夢想時，就怪這個理想太愚蠢。放棄目標，我們總是可以找到藉口或理由。

堅持到底或許是激情計劃最難的一部分，但像其他生活改變一樣，激情讓你具有一項獨特的優勢。你的心已經投入，如今，你所面對挑戰是讓頭腦和意志加入行列。

如果你忠實於自己的激情，而且認真執行上述幾個步驟，就可以達到自己所尋求的結果，也可能會有一些意外的收穫。因為激情會把你帶到更高層次的生活水準，為你敞開世界、擴大視野；它也會讓你有新的認識，有助於自我實現，並且進一步煽動你的激情，讓你邁向更大的成就和喜悅。

不管你多麼富有激情，執行計劃時仍會面臨阻礙和挑戰。當你面臨這些困境時，就回到改變的源頭——激情，它會提供你實現目標所需的精力和激勵。

CHAPTER 3

善於**判斷**，勇於**抉擇**

決定你的人生品質和成就的，不是你的能力，而是你的選擇。

人生中充滿了選擇，不願自主選擇、甘於隨波逐流的人，就會錯失很多絕好的良機，使自己只能走向平庸。

而勇於選擇和善於選擇的人，才能真正贏得精彩的人生。當然，選擇意味著一種風險，一種責任。要想作出正確的選擇，僅僅有勇氣是不夠的，關鍵是要具備足夠的經驗和智慧。

優柔寡斷是一個人的致命缺點

「站在河邊呆立不動的人，永遠也不可能渡過河去。」優柔寡斷的人，不敢決定每件事，他們拿不準決定的結果是好還是壞，是凶還是吉。有些人的本領不差，人格也好，但就是因為寡斷，往往錯過了許多好機會，一生也未能成功。

而善於決斷的人，即使會犯些小錯誤，也不會給自己的事業帶來的致命打擊，因為他們對事業的推動，總比那些膽小狐疑的人敏捷得多。

如果你有寡斷的傾向或習慣，你應該立刻下決心改正它，因為它足以破壞你各種進取的機會。你決定某件事以前，你應該對這件事有個全面的瞭解。你應該運用全部的常識和理智，鄭重考慮，但一經決定以後，就不要輕易反悔。

在做重大決定時搖擺不定、不知所措是一個人品格的致命缺點。具有這種弱點的人，從來不會是有毅力的人。這種缺點，可以破壞一個人對於自己的信賴，可以破壞他的判斷力，更會有害於他的事業。

要成就事業，必須學會胸有成竹，使你的正確決斷穩固得像山嶽一樣。不為情感意氣所動，也不為反對意見所阻。不管是想成就一番大的事業，還是要在小事上做出抉擇，都要有果決的魄力，否則就容易喪失很多機會。

多麗斯待女兒上了初中便決定再去工作。有三份好工作任她挑選，使她遲遲無法做出決定。經過兩星期的選擇，她最終下了決心，但為時已晚，三份工作均已不復存在了。

心理學家發現，多數人都害怕決策失誤。這種擔憂有三個主要原因：

♣希望永遠正確。有些人在諸如去看哪場電影、看哪個電視節目或去哪裡度假之類的小事上都無法下決心，是因為他們過於擔心會犯錯誤。並非因為決策事關生死，而只是因為人們無法容忍犯錯誤。

♣混淆客觀事實和主觀想法。多數決定均需以客觀事實為據，也有很少一部分可根據主觀感覺。如果無法分清兩者，則很難做出理性的決策。

♣擔心永遠承擔義務。有些人認為決策是一成不變、不可撤銷的。這不正確，假如你決策失誤，最簡單的方法就是重新決策加以改正。有學者指出，實踐加經驗才能造就果斷，想要學會怎樣做出正確決策，你應遵守下列準則：

1、學會對自己行為自信，不要延誤，不要拐彎抹角。

2、弄清事實後再下決心，然後十分自信的下達命令。

3、給自己規定一個合理的決策期限，具體的期限可迫使你掌握事實。

♣盡量限制選擇範圍。比如你在挑選新地毯，由於選擇太多，不知應選哪一塊，這時就要縮小範圍。方法是每次只看三塊，挑出一塊最好的，然後再看另外三塊，挑出其中最好的，依次挑下去，之後把選出的最好的毯子放在一起，再重複同一程序直到最終只剩下一塊為止。你可用同樣方法挑選西服、鞋襪、外套、領帶等等。

♣重新檢查已做的決定，看看是否穩妥及時

♣分析他人所做的決定。假如不同意，就要確定不同意的原因是否穩妥，合不合邏輯。

♣開闊眼界。方法是研究他人的行為，從其成功或失敗中獲益。

♣不要小題大做。要為重大決策積蓄能量。不要為決定晚餐吃什麼而大傷腦筋。

世間最可憐的，是那些做事舉棋不定，猶豫不決、不知所措的人；是那些自己沒有主意，無法抉擇的人。主意不定、意志不堅的人，難於得到別人的信任，也就無法使自己的事業獲得成功。

知道什麼是值得追求的生命價值

「人只能活一次，誰都想活得充實，盡量體驗享受。但怎樣才能以畢生的精力換取最大的成果呢？什麼是生命的價值呢？這些都是我每天應該自問的問題。」美國作家安娜．羅伯遜．布朗曾經寫過一本書，書名發人深省，叫《什麼是生命的價值》。這本書最少再版了七十多次。何以薄薄的一本小書竟能如此暢銷？「我們不可能把生命中的一切都握住不放。」她寫道：「哪些是至關緊要的？哪些是拋棄了反而好的？」接著，她從人世講到永生。「凡是不能帶到永生之境的，我們都可以捨棄。」安娜就是以這把寶尺衡量一切、決定取捨的。她說，假如我們不想「煩累此生」，有四件事情可以做：

♣不虛假。「弄虛作假與永生無分。」

♣不憂慮。「憂慮其實是精神近視的表現，是在瞎摸索，把芝麻般的小事看得太大。」

♣不牢騷滿腹。「不管前路怎麼樣，都要活得積極起勁。」

♣不追求私利。「在永生中不會有貪婪，沒有『你的』、『我的』，只有『大家的』。」

接著，年輕的安娜從另一角度探討了問題。「人的一生中應該恪守、維護、追求些什麼呢？」

有八大要點可以提高生命的價值，她寫道：

一、要善用光陰

生命不在於有多少時間，而在於怎樣運用時間。

二、要重視工作，但不是任何工作

要問自己：「這件事是不是至關重要？能不能令我的品格更高尚？能不能激勵他人？能不能對世界有所裨益？」

三、要天天尋找快樂

「如果你今日不快樂，你大概一生也不會快樂！要有耐性，不自私，要有目標，自強不息，全力以赴！只要以感恩之心做到這幾點，生活自然快樂至少是腳踏實地的快樂。」

四、要有愛心

「誠愛者不尤人而以信待人。愛不受束縛，今世無垠，永世無疆。」

五、要志大而不狂

「以智力的雄心代替人類感情很危險。應該雄心勃勃，但不可失去節制，切莫讓壯志變成了野心。」

六、要珍惜友誼

「與朋友交，要胸襟寬大。要肯原諒，不計較，多忍讓。」

七、要不怕創傷

「人生難免失意，痛苦是常有的。要哀而不傷。哀思、受折磨、悲泣之餘，應該學會體諒、愛和祝福。」

八、要有信仰

「堅定、安詳、永不動搖的相信上帝的慈愛，就能無所畏懼的面對人生的終點，亦即永生的起點，使我們此生過得好，過得有聲有色！」

如果你能夠天天反躬自問：「什麼是生命的價值？」漸漸就會不再覺得人生是那麼凌亂，奮鬥的目標也比以前更明確，生活也就會更加充實。

偶爾不按牌理出牌

對許多人來說，平平順順的生活簡直乏味得難受。偶爾不按牌理出牌，正可為生活增添新意。

每個人都希望能抓住一個機會，使自己生活得更好，不管改變的是生活形態、我們的性格或是人際關係。要過日子就要冒險。如果我們從不冒險一試，那我們一生也不過隨波逐流，隨時等著大浪來把我們給打下去。人生每個層面多少都帶著一點兒冒險：健康、人際關係、生意、謀職等都是。冒險並不是做了什麼天大的抉擇，而是咬緊牙關，不管多麼困難，一心要有贏的決心。生活的趣味也緣自於此。

從另一個角度來說，每個人每天都面臨著冒險，除非我們永遠扎根在一個點上原地不動。的確，當冒險的結果不太令人滿意的時候，人們常常會說：「還是躺在床上保險。」有很多人似乎都習慣於「躺在床上」過一輩子，因為他們從來不願去冒險，不管是在生活中，還是在事業上。但是，當我們橫越馬路的時候，實際上總是有著被車撞倒的危險；當我們在海裡游泳的時候，也同樣有著被捲入逆流或激浪的危險。

儘管統計數字顯示搭飛機比乘坐汽車要安全一些，但我們的每一次飛行仍然包含著冒險。畢竟我們必須依賴於飛機牢固的構造及其良好的性能；如果不是由自己駕駛的話，我們還必須寄希望於飛行員和整個機組。總之，任何地方的旅行都潛藏著冒險，小到遺失自己的行李，大到作為人質，被劫持到世界的某個遙遠角落。

自有文字記載以來，冒險總是和人類緊緊相聯。雖然火山噴發時所產生的大量火山灰掩埋了整個村鎮，雖然肆虐的洪水沖走了房屋和財產，但人們仍然願意回去繼續生活，重建家園。颶風、地震、颱風、龍捲風、土石流以及其他所有的自然災害，都無法阻止人類一次又一次勇敢的面對可能重現的危險。

有一句老話叫做：「一個人不懂得悲傷，就不可能懂得歡樂。」同樣，我們也可以說：「沒有冒險的生活是毫無意義的生活。」事實上，我們總是處在各式各樣的冒險境地，因為我們別無選擇。我們必須要橫越馬路才能走到另一邊去；我們也必須依靠汽車、飛機或輪船之類的交通工具，才能從一個地方到達另一個地方。但是，這並不意味著所有的冒險都毫無區別，恰當的冒險與愚蠢的冒險有著明顯的不同。

如果我們想作一個生意上的冒險者，如果我們渴望成功，就應該分清這兩種類型的冒險之間到底有什麼樣的差異。

一位成功的推銷員指出：「舉例來說，那種只在腰間繫一根橡皮繩，就從大橋或高樓上縱身跳下的做法，是一種愚蠢的冒險，即使有人很喜歡那樣做。同樣，所謂的特技跳傘，所謂的鑽進圓木桶漂流尼加拉大瀑布，所謂的駕駛摩托車飛越並排停放的許多輛汽車，在我看來，它們都是愚蠢的冒險。只有那些魯莽的人才會做這種事情。儘管我知道有人不同意我的看法（包括雜技團表演走鋼絲或盪高空鞦韆的表演藝術工作者）。」

那麼，什麼是恰當的冒險呢？比如：職員走進老闆的辦公室，要求增加薪水，這就是一種恰當的冒險。他可能會得到加薪，也可能不會，但「沒有冒險，就沒有收穫」。

一個人放棄高薪，轉做一份收入較低的工作（因為後者有更加光明的發展前景），也是一種恰當的冒險。他也許能找到這樣的新工作，也許找不到；他也許後悔離開了原來的位置。但是如果他安於現狀，不敢於冒險，他永遠也不會知道是否可以有一個更好的明天。

無論在事業或生活的任何方面，我們都可能需要嘗試恰當的冒險。當然，在冒險之前，我們必須清楚的認識那是一種什麼樣的冒險，必須認真權衡得失——時間、金錢、精力以及其他犧牲或讓步。記住，我們崇尚的冒險不是蠻幹，而是恰當的冒險。

移除害怕冒險的心理障礙

為了追求更有意義的生活，我們應該盡我們自己最大的努力去移除害怕冒險的心理障礙。這意味著我們要去增強自己和他人的信心，還要從生活的各個方面加強我們的整體感和大局觀，並強化判斷力，以使自己始終處於正確的前進方向上。

那麼，怎樣移除害怕冒險的心理障礙，培養勇於冒險的習慣呢？

一、積極嘗試新事物

在生活中，由無聊、重複、單調而產生的寂寞會逐漸腐蝕人的心靈。相反，有意識的消除一些單調的常規因素，倒會使我們避免精神崩潰。

積極嘗試新事物，能使一蹶不振、灰心失望的人重新恢復生活的勇氣，重新把握住生活的主動權。

二、嘗試做一些自己不喜歡做的事

屈從於他人意願和一些刻板的清規戒律，已成為缺乏自信者的習慣，以至於使他們誤以為自己生來就喜歡某些東西，而不喜歡另一些東西。我們應該認識到，之所以每天都在重複自己，是由於我們的懦弱和沒有主見才養成的惡習。

如果我們嘗試做一些自己原來不喜歡做的事，就會品嚐到一種全新的樂趣，才能慢慢從老習慣中擺脫出來。

三、不要總是定計劃

缺乏自信的人相應的缺乏安全感，凡事希望穩妥保險。然而，人的一生是根本無法定出所謂清晰的計劃的，其中有許多偶然的因素在發生作用。

有條有理並不能給人帶來幸福，生活的火花往往是在偶然的機遇和奇特的直觀感覺中迸發出來的，只有欣賞並努力捕捉這些轉瞬即逝的火花，生活才會變得生氣勃勃，富有活力。

四、要試著去冒一些風險

冒險是人類生活的基本內容之一。沒有冒險精神，體會不到冒險本身對生活的意義，就享受不到成功的樂趣，也就無法培養和提高人的自信心。自信在本質上是成功的累積。因此，瞻前顧後、驚慌失措、避免冒險無疑會使我們的自信喪失殆盡，更不用指望幸福快樂會慷慨降臨。

所謂的冒險，並不僅僅是指征服自然，跨入未知的土地、海洋及宇宙。在人類社會，我們會和種種不合理的習慣勢力、陳規陋習狹路相逢，如果我們堅持按照自己的意見行事，那麼我們就在很大程度上冒了風險。甚至我們想要小小改變一下自己的生活方式，同樣也在冒險之列。關鍵是看我們是否敢於試一試，是否能夠把自己的想法貫徹到底。

假如生活中未知的領域能夠引起我們的激情，並使我們做好「試一試」的心理準備；假如人生真的如同一場牌局，而我們又能夠堅持把牌洗下去，不是中途退場的話，那麼，每克服一個困難，我們就增添了一分自信。

五、不要低估自己的潛力

很多人自詡有自知之明，但是，他們所「知」的不少東西其實並非真知，而只是一些謬誤，是限制自己手腳的框框。這種信條，乃是限制發揮自我高水準走向成功的最大障礙，也限制了他們跟環境的抗爭。

六、向自己挑戰，而不是與別人爭奪

卓有成就的人，更熱心於傾注精力擴大和完善自己取得的成果，而不是一定要打敗競爭者。實際上，擔心對手的實力以及可能具有的特殊優勢，往往使自己精神上先吃敗仗。

以自己的標準，滿腔熱情、全力以赴的去做力所能及的艱苦努力，才能集中優勢，在向自己挑戰的同時，也增強了適應環境的能力。

千萬不可草率的作出決定

一位學者指出，我們沒有辦法可以知道每件事，但是有辦法可以在我們決定前多知道一些，也有辦法可以給我們多點時間思考。在我們的前進的道路上，有無數大大小小的事等著我們去決定。在我們下一次做出重大決定時，大概又會犯另一次的重大錯誤。

也許是因為過去犯了嚴重的錯誤，大部分的人只會往後看，站在那兒惋惜不已。「如果我知道得更多」，或「如果我有更多時間決定」，「每件事就會有很不一樣的結果」。

許多人都害怕作決定，因為每個決定對這些人而言，都是未知的冒險。而且最令人困惑的是，不知道這個決定是否重要。因為不知道這一點，他們毫無頭緒的浪費力氣，擔憂無數的問題，最後什麼都沒處理好。

作決定就像在我們不知道內心真的想要何物時隨手丟銅板一樣。焦慮感會逼迫、強制我們就目前所為的事實行動。

很不幸的是，留給我們決定態度或所有選擇的時間太短了。瞬間的決定通常最軟弱，因為它們建基於只對目前有用的事實。結果總是不好，因為迫使我們做出這樣決定的力量，經常會扭曲了事實、混淆了真相。

當所有的決定都取決於現在時，事實上最好的決定往往是老早以前就決定的那一個。決定應該會反映我們的目標，假如目標是明確的，則要決定就比較容易。沒有目標的決定只是在那裡瞎猜而已。對我們最好的決定可能不是最吸引人的，或是能讓我們最快得到滿足的那一個，這就是為什麼「作決定」這件事，顯得如此複雜的原因。

在生活中，讓人完全舒服的抉擇很少。人的一生中所做的重大決定，大都有退縮的時候。有時候，放棄現在的享樂和做某些犧牲，是享受長期快樂的唯一法寶。有時候，做一些表面上看起來似乎比起另一選擇差的決定，是能達到目標僅有的方法。

在能夠做出最佳決定前，我們必須先能分辨，這是個主要決定，還是次要決定。主要決定值得我們花全部的或大量的注意力和精力；而次要的決定則不必要。

經常做出正確決定的人，會忽略那些明顯的小缺點，因為它們對他們的生活沒什麼大的影響。但是，一旦他們相信小的疏漏會產生大的影響時，他們就會快速做出反應，然後採取相應的措施。

對長期的問題提出短期的解決之道，通常是不佳的決定。做出不佳決定的人，可能沒有意識到長期目標，或者只因為短期目標看起來比較容易做到，就選擇了它。有許多短期的目標是在害怕失敗的壓力之下決定的。試著花點時間來作決定，問問自己：「我會因等待而失去什麼？我可能贏得什麼？」雖然並不能總是確定決定是對的，但是花點時間來思考，其正確合理的可能性通常要大。

人們通常會作決定，因為他們不能夠容忍遲疑不決，特別是年輕人。由於社會的期待與影響，許多年輕人還不清楚自己到底想要什麼的時候，就不得不作決定、做選擇、做計劃，並且去努力實現它們。於是，有些人就在他們還猶豫不定時就做了選擇。儘管這樣做有時是不明智的、甚至是糟糕的，他們也還是會覺得解脫，感覺比較好過，但是他們很快就會發現更不好受。

遲疑不定有時會讓人感到困惑。但是通常在一陣困惑之後，有人就有可能放棄舊的想法和偏見，讓問題更清晰可見，把目標加以調整，根據另外的思路來作決定。從這個意義上說，猶豫不決可能是一個相當有價值的成長階段的開始，每個人都應當珍視並從中獲取一些有用的東西，彌補我們的缺陷。草率作決定只是在逃避自我懷疑，但是這樣的做法只能將那些困惑疑慮暫時埋藏起來。在以後的時間裡，它們可能會在另外的時機再次浮現，變成更棘手的難題。

假如某個決定無法使人快樂，並不意味著它是錯誤的，因為沒有哪個決定會總是讓每個人都高興，我們只能選擇使目標完成更為容易的決定。但是，假如你不知道你的目標如何，就先別妄作決定。

適時採取和實行經過深思熟慮的決定

「謹慎毫無用處，除非再加上果斷。」果斷，是指一個人能適時的採取經過深思熟慮的決定，並且徹底的實行這一決定，在行動上沒有任何不必要的躊躇和疑慮。果斷的性格，能使我們在遇到困難時，克服不必要的猶豫和顧慮，勇往直前。

有的人面對困難，左顧右盼，顧慮重重，看起來思慮全面，實際上茫無頭緒，不但分散了與困難對抗的精力，更重要的是，會消蝕與困難對抗的勇氣。

果斷性在這種情況下，則表現為沿著明確的思想軌道，擺脫對立動機的衝突，克服猶豫和動搖，堅定的採納在深思熟慮基礎上擬定的克服困難的辦法，並立即行動起來與困難對抗，取得克服困難的最大效果。

果斷的性格，能夠幫助我們在執行工作計劃和學習計劃的過程中，克服和排除與計劃相對立的思想和動機，保證有始有終的將計劃執行到底。

思想上的衝突和精力的分散，是不果斷的人的重要特點。這種人沒有力量克服內心矛盾著的思想和情感，在執行計劃過程中，尤其是在碰到困難時，往往長時間的苦惱著怎麼辦，懷疑自己所作決定的正確性，擔心決定本身的後果和實現決定的結果，老是往壞的方面想，猶疑不定，因此計劃老是執行不好。

而果斷的性格，則能幫助我們堅定有力的排斥上述這種膽小怕事的、顧慮過多的庸人自擾，把自己的思想和精力集中於執行計劃本身，進而加強了自己實現計劃、執行計劃的能力。

果斷的性格，可以使我們在形勢突然變化的情況下，能夠很快的分析形勢，當機立斷，不失時機的對計劃、方法、策略等等做出正確的改變，使其能迅速的適應變化了的情況。而優柔寡斷者，一到形勢發生劇烈變化時就驚慌失措，無所適從。他們無法及時根據變化了的情況重新做出決策，而是左顧右盼，等待觀望，以至坐失良機，常常被飛速發展的形勢遠遠拋在後面。可見，果斷的性格無論是對任何人，無論是對於工作，還是對於生活和學習，都是需要的。

果斷的性格，產生於勇敢、大膽、堅定和頑強等多種意志素質的綜合。果斷的性格，是在克服優柔寡斷的過程中不斷增強的。

人有發達的大腦，行動具有目的性、計劃性，但過多的事前考慮，卻往往使人猶豫徬徨，陷入優柔寡斷的境地。許多人在做出決定時，常常感到這樣做也有不妥，那樣做也有困難，無休止的糾纏於細節問題，在諸方案中徘徊猶豫，陷入束手無策和茫然不知所措的境地，這就是事前思慮過多的緣故。

大事情是需要深思熟慮的，然而，生活中真正稱得上大事的並不多。況且，任何事情，總不能等待形勢完全明朗時才作決定。事前多想固然重要，但「多謀」還要「善斷」，要放棄在事前追求「萬全之策」的想法。實際上，事前追求百分之百的把握，結果卻常常是一個真正有把握的辦法也拿不出來。

果斷的人在採取決定時，他的決定開始時也不可能會是什麼「萬全之策」，只不過是諸方案中較好的一種。但是在執行過程中，他可以隨時依據變化了的情況對原方案進行調整和補充，進而使原來的方案逐步完善起來。

「萬事開頭難」，許多事情開始之前想來想去，這樣也無把握，那樣也不保險。當減少那些不必要的顧慮，真正下決心，做著做著事情就做順了。

果斷的性格，是在克服膽怯和懦弱的過程中實現的。果斷要以果敢為基礎，特別是在情況緊急時，要求人們當機立斷，迅速的採取決定並且執行決定。比如：在軍事行動中，因為戰機常在分秒之間，抓住戰機就必須果斷。在日常生活中，我們同樣需要果敢。大方向看準了，有七分把握，就要果斷的下定決心。

果斷的性格，要從乾脆俐落、斬釘截鐵的行為習慣開始養成。無論什麼事情，不行就是不行，要做就堅決做。生活中不少事情確實既可以這樣又可以那樣，遇上這樣的小事，就不必考慮再三，大可當機立斷。否則，連日常的生活瑣事也是不乾不脆，拖泥帶水，你又怎麼能夠培養出果斷的性格來呢？

要果斷，還必須經常的排除各種內外部的干擾。果斷不是一時的衝動，它必須貫穿於行為的所有三個環節（確定目的、計劃和執行）。在確定目的的時候，需要評估各種動機，這時，果斷表現為能夠抑制和目的相反的意向，抑制錯誤的動機，保證做出正確的決斷。

但在決斷做出後，還會有許多因素不斷的動搖我們的決心，如：輿論、各種壓力、困難、各種誘惑等等。周圍的人們可能會對我們的決心品頭論足，來自各個方面的各種壓力都有可能使我們已經做出的決定發生動搖。而且，在執行決斷時，排除內外干擾的果斷性，有時比確定目標和初下決心的時候的果斷性還要難。因此，在執行決定的時候，應當特別注意果斷性的培養。要養成決心既下就不輕易改變的習慣，不要讓一些本來微不足道的因素干擾我們的決心，把自己弄得手足無措。

果斷並不等於輕率。有人認為，果斷就是決定問題快。實際上，在情況不要求立即行動，或者對於行動的方法和結果未加足夠的考慮就倉促的採取決定，這並不是果斷，而是輕率、衝動和冒失，是意志薄弱的表現。

　　這種表現在優柔寡斷的人身上可以觀察出來，因為深思熟慮對於一個優柔寡斷的人來說，乃是一個複雜而痛苦的過程，所以，他們總想力求盡快的從其中解脫出來，他的行動常常是倉促的，急躁和莽撞的。

　　果斷的人採取決定時的迅速，和意志薄弱的人的倉促決定毫無共同之處。必須把果斷和武斷加以區別。有的人剛愎自用，自以為是，遇到事情既不調查研究、也不深思熟慮，就說一不二的定下來，貿然的依自己想法去從事。從表面看，好像果斷得很，可實際上卻與果斷南轅北轍。

　　果斷並不是排斥深思熟慮和虛心聽取別人意見，恰恰相反，正因為多想、多問、多商量，才能使人們對事情更有把握，進而更加果斷。

面臨選擇時，不能躲避和隨波逐流

躲避和隨波逐流是很有誘惑力的，但有一天回首往事，你可能意識到：隨波逐流也是一種選擇——但絕不是最好的一種。

人生中時常需要面對選擇。一系列正確的選擇是你不斷走向優秀的保障。艱苦的選擇，如同艱苦的努力一樣，會使你全力以赴，會使你更有力量。

當傑克告訴他在繪畫補習班的老師，秋天自己可能要去上藝術學校時，老師只說了一句話：「不管怎麼樣，下一個五年都要過去的。」這是什麼意思呢？傑克不解的思索著，覺得自己希望得到的鼓勵成了泡影。

那天晚上，靈感突然在他的腦子裡閃現，他頓時明白了：不管怎麼樣，下一個五年都要過去的；不管我做了什麼，或什麼也沒做。在這五年結束的時候，我回首自己走過的路，可能說：「我上了藝術學校，現在我比那時長進了五年。」也可能說：「因為我當時沒上藝術學校，現在我還是原來的樣子，這些年我做了些什麼呢？」現在，每當傑克面臨做或不做的選擇時，他就對自己說，不管怎麼樣，下一個五年都要過去的。這句話以神奇的方式使他作出明智的選擇。

但是，如果不是在做或不做之間，而是在做這些還是做那些之間做出選擇，那該怎麼辦呢？當傑克意識到要付上藝術學校的學費，就得花掉自己長期存下來買睡椅的錢時，就碰到了這樣的問題。他與當地一個工匠達成了協議：傑克替他妻子畫一幅肖像；與此相交換，工匠給傑克提供一份修整室內裝潢的工作。

「當二者都定不下時，二者都做。」傑克的一個熟人對這種情況說了一句似非而是的妙語。當他問她是去新英格蘭，還是去賓夕法尼亞看秋色時，她就用這句話回答了他，當時使他莫名其妙。但他們拿出地圖一看，發現從紐約往北去新英格蘭，然後經賓夕法尼亞繞回來是完全可行的，而且一路都旅行在萬紫千紅的樹叢中。

不久，傑克發現自己在所有的情況下都使用這句話。自己是去鄉下度週末，還是應邀參加城裡的一個星期日午餐會呢？當二者都定不下時，二者都去做。去鄉下，但早些回來。自己是把書念完還是去找一個工作呢？繼續上學，同時也工作。

這句格言的深刻涵義在於：它提醒我們，在大多數情況下，我們可以把兩種選擇都付諸實現，這樣遠比只選擇一種而放棄另一種要好。

你是否有時覺得什麼選擇也沒有？千萬別這麼想！你總會有選擇的。你不過認為你可以做的只有一件事——這件事也幾乎總是別人想做的。當你覺得束手無策時，不妨換一個地方挖一個洞，從一個不同的角度來看問題。

一個年輕女人和她丈夫有一個小孩，她新寡的母親想來跟他們一起生活。開始，女兒覺得自己不能不同意，否則太冷酷了。女兒是以舊的、慣常的方式思考的——即作為她母親的孩子來思考的，這樣就得出了舊的、慣常的答案，也就是說她不得不順從她母親的意願。墨守成規往往要比鋌而走險更方便。

但女兒後來又從一個成年人的角度看問題。她現在有了自己的生活。她估計她和母親在管教孩子的問題上一定會有分歧。她知道她丈夫會因為岳母總待在自己家裡而不愉快。於是，她說了「不」，親切但堅定的告訴母親，對她來說，加入一個新家庭是不明智的。

在這個年輕女人的頭腦深處隱藏著一種擔憂，她害怕母親會死去。她對自己的選擇沒有把握。但最後，她母親搬到了佛羅里達，在那兒交上了新朋友，並且又結了婚。

你可能思考了又思考，權衡了再權衡，但你很少能精確的預測到你所做出的任何決定的結局。發生的一切通常都是不可預料的。你必須自己思考，並付諸行動。即便做出的決定未能如願以償，但採取行動能夠增加採取更多行動的可能性；而什麼也不做，只能增加下一次有所選擇的可能性，到時候你肯定又會隨波逐流。對你的生活負責，就要尊重自己的意志。

一位八十歲的老人為了待在她的住處還是進安養院而思慮再三。她的年齡是個事實。她每況愈下的健康也是個事實。權衡這些事實，選擇安全的安養院，該是多麼明智！然而，令人稱絕的是，她沒有理會這些事實，留在了原來的地方。一直到現在，已經八十六歲了，並不需要朋友們很多的幫助，她自如的應付著一切，幸福的過著愉快的獨立生活。

另一位老人做出了相反的選擇，她說：「我累了。我現在需要被照顧了。」她的要求得到了滿足。她被供養起來，被放在床上，被挪來挪去。她現在對此厭惡了。

做出選擇時一定要慎重——你可能會自食其果的。你的生活不是試跑，也不是正式比賽前的準備運動。生活就是生活，不要讓生活因為你的不負責任而白白流逝。要記住，你所有的歲月最終都會過去的，只有做出正確的選擇，你才配說你已經活過了這些歲月。

收集足夠的事實，作出果斷的決定

收集足夠的事實是發揮果斷力的必備前提。在事業上為了獲致成功，並沒有什麼十全十美的方式，如果要說有的話，從拼圖遊戲的經驗中，可以證明為眾所周知的基本原則有二、三項，其中具有果斷力就是其中之一。做最終的決定是你，在你自己做決定的時候，對事實的認識也是需具備的能力之一。可是，即使具備了這兩種能力，並非就能處理任何的問題。做決定時，經常是要當機立斷的下決定，總之是接受挑戰。

面對愈大的挑戰則機會就愈大。事實上，有很多這種機會，常在太過猶豫不決的人的眼前喪失掉了。將事情發展的情況做有組織的整理，仍無法導引出有建設性的結論，於是以憂慮、焦躁不安來打發時間的人，也一樣會喪失很多機會。

所謂從商做生意，即意味著做決定、試圖出新點子、下賭注、掌握機會、獲致勝利，甚至是輸掉失敗等。任何一個優勝者，並不是一定每場必勝，只是戰勝的情況居多而已。然而，時常恐懼失敗，連嘗試去迎戰都不敢的話，那麼致勝的機會就不可能到手了。做生意也是相同的道理。在不畏懼下踏出像小嬰兒的一小步，不久之後，為了接受勝利的目標，就將能無所畏懼的跨出巨人的一大步。

欠缺果斷力的另一個原因，是完全處在一種怠惰的狀況，你在做一個有效的決定時，卻沒有耐心去花較長的時間做收集情報的工作。將所有的事實收集後，在每一項目上加上「＋」或「－」的記號，再準備一張白紙和一支筆，只需多花一點時間來做即可。

在紙的正中央畫一條縱線，一半將它當做正面欄，另一半則當做負面欄。對這兩欄的各項因素很謹慎的加以評估，然後再將各項因素旁邊做一至二十分的評分，接著統計正、負兩欄的數值。如果一欄的得分數比另一欄的得分數領先很多的話，那麼你應該下決定的方向就很清楚了，或者有相反的想法的話，則整個計劃重新構思、再評估的必要性也很明確。如果兩欄的評分數相差不大的話，憑過去的經驗，就只有委託給你的運氣來決定了。不過，在所有的預備作業結束之際，一定要針對問題來探討，直到找出最後的結論來。

在提出結論之前，或者在提出之後，被不安所驅使而焦慮的時間，最好連一瞬也不要浪費。當下決定的時候，就是憂慮的終止。意志決定是人生的強心劑。一旦下定決心的話，就不要再改變主意，憂心掛肚、憂慮不安，都是無濟於事的。一些身經百戰的領袖們都深深的懂得這一點。

再次強調：任何一個優勝者，並不是一定每場必勝。然而，敢於作出果斷決定的人，在生活中獲勝的機會往往會相對更多。

要相信自己能想出好主意，也能作決定

平時多採取快動作，可培養面臨重大事項時的決斷力。要求永遠不犯錯誤，正是什麼也做不成的原因。在生活中，我們經常會發現這樣的人，只要需要做出決定的時候，不管事關大小，就會感到手足無措——瑣碎的事，比如：今天該穿什麼衣服？到哪兒去吃飯？重要的事，比如：該讀什麼大學？選擇什麼職業？和什麼樣的人結婚？等等。

露西就是一個經常自己的判斷感到懷疑的人。比如：在買衣服的時候，她不知道該買什麼花色的長裙——她覺得格子的太花俏；紅色的又太顯眼！每次到服裝店裡，她幾乎決定要買格子長裙的剎那，又會開始盤算是否紅的更妥當。

實際上，讓露西感到難於決定的，不只是買哪一套衣服，而是該選

擇什麼樣的生活方式——她由於害怕被別人批評，害怕改變，因此，遲遲無法做出決定，而這種猶豫反過來又加劇了她的恐懼心理。

恐懼、後悔、效率差，都和缺乏決斷力有直接關係。生活中的確有些人經常先耗了時間和精神去想該不該這麼做，又要耗時間和精神去想要不要那樣做；心情整天被這些事搞得沉沉的，人也變得鬱悶無趣。為了避免這種情況出現，需要改掉的是一整套的習慣。

首先，遇到有小事要決定的時候，練習「快動作」。強制自己在某一時限內作決定，決定好了就不再改變。當然，比較重大長遠的事不能如法炮製。不要在有限的多少小時或多少分鐘之內迅速解決婚姻、投資之類的問題。除快動作訓練之外，以下的方法也可促使你不對自己的判斷感到懷疑。

一、不要一出錯就覺得抱歉

如果你盡了全力去做一件事，又指責自己根本做得不對。長此以往，就變成習慣的自怨自艾了。當然，不認錯不自責起初也很不好受。但你不以為是自己無能，就會思考問題的原委，繼而明白，犯錯乃是難免的。

二、容忍別人犯錯誤

不要因為自己性情放不開，反而指責別人太隨便或不應該。越容忍別人，發覺別人肯容忍自己的地方越多。

三、不要讚揚過去，貶低目前

猶豫不敢作決定的人，往往把他們以前印象中似乎不會犯錯誤的人理想化，凡事都希望能達到這種人的標準，因而時時害怕自己做得不夠好。

四、以果斷而成功的人為榜樣

不要把你崇拜的人想成完美無缺，應該認識到，他的長處（許多長處之一）就是果斷，以至於別人都不太注意他犯的錯誤。以他的果斷為榜樣，別求完美。

五、少徵求別人的意見

你如果常常打不定主意，一定有一批專為你提供意見的朋友。下次買東西的時候，尤其是衣服或裝潢擺設之類表現你的個性的東西，別問人家的意見！你的父母、你的兄弟或鄰居的鑒賞能力或許比你高，但別問他們，買得不對是你自己的錯。

六、別模仿別人

你是不是一向都到你朋友說好玩的地方去渡假？這回你自己挑個地方去。鄰居買的車又好又便宜，你自己去挑輛車買，上了當是你自己的錯，也許你發現你買的比他還划得來。

按上述建議行事，開始總會經歷擺脫某種習慣的階段。起先會覺得焦慮不安，久之就泰然了。當然，不可能就此萬事順利，還是會有不確定沒把握的感覺，但是即便沒把握，仍要有一試的膽量。重要的是讓自我創造的原理產生作用：你相信自己能想出好主意，也能作決定。照這個信念去做，這個信念就越來越穩固。

注重事實，減少「想當然」的錯誤

人非常容易犯想當然的錯誤。許多認知上的錯誤，都是想當然造成的。他們想不到貌似理所當然的事情的發展並不當然；更沒想到，世界上的事物一個條件可得出多種結果，一果亦可能多因，影響事物變化發展的，除了必然性還有偶然性。現實要求我們做任何事，都不能想當然，在思想觀念的修練上要注意培養「不想當然」的習慣。

有時候，某種現象在大多數情況下意味著某一事實，但造成這種現象的其他可能性並不能排除，人們常常形成某種錯覺，把各種可能看成一種可能。造成想當然的一個重要原因，是思維定勢。

我們認識事物，總有一定的思維框架，是以前經驗的沉澱。它常常使我們認識事物時有了一定的參照系統。它是有用的；但是，它又可能使我們用它來對照複雜的對象時陷入想當然的錯誤。所以，我們在強調文化傳統對於我們思想觀念的塑造時，要強調現實的要求這一重要因素。

要減少想當然的錯誤，需要時時提醒自己不要輕率下結論。從一個印象、兩三句交談中做出的判斷，往往是想當然的。我們要時時想一想：我的判斷充分嗎？我的結論符合事實嗎？有沒有新的事實來證明這個結論？如果根據想當然的推理，得出了某種結論，也要對該結論保持一定的警惕性，要注意對情況進行反覆的分析，並盡量搜集新的事實加以檢驗。

要使自己的結論不犯錯誤，我們就應該對判斷採取審慎的態度。對於頭腦裡冒出來的想法，首先要重新評估一下：它是否「真的是自己的意見」？雖然需要花費較長的時間，你還是應該養成用自己的頭腦仔細思考事情的習慣。

首先，你要把現在的想法一一加以檢討，想想看，是自己真的那麼想，還是照別人告訴你的去想的？會不會是偏見或錯誤的信念？你就從這些問題開始思考。如果沒有偏見，希望你能用自己的頭腦，聽聽各種人的意見，想想看是對或錯，或者有哪個地方不對，然後再綜合各種意見，歸納出自己的看法。

CHAPTER 4

用心去感受幸福和快樂

　　幸福和快樂是一種人人渴求的、很美的生活境界。它無處不在，卻很難掌握在我們手中。一個人幸福快樂與否，往往並不由其財富和地位決定，而是與其主觀感受密切相關的。

　　正如一位哲人所說的「幸福和快樂只鍾情於能感受到它的人。」不是生活中缺少幸福和快樂，而是缺少發現它們的眼睛。一個人感受幸福和快樂的能力，是可以透過練習和訓練不斷提高的。

快樂的習慣使人不受外在條件支配

亞伯拉罕·林肯說：「只要心裡想快樂，絕大部分人都能如願以償。」心理學家加貝爾博士說：「快樂純粹是內在的，它不是由於客體，而是由於觀念、思想和態度而產生的。不論環境如何，個人的活動能夠發展和指導這些觀念、思想和態度。」

除了聖人之外，沒有一個人能隨時感到百分之百的快樂。正如喬治·蕭伯納所指出的那樣，如果我們覺得不幸，可能會永遠不幸。但是，我們可以憑藉動腦筋和下決心來利用大部分時間想一些愉快的事，應付日常生活中使我們不痛快的瑣碎小事和環境，使我們得到快樂。

我們對小事的煩惱、挫折、牢騷、不滿、懊悔、不安的反應，在很大程度上純粹出於習慣。我們做這種反應已經「練習」了很長時間，也就成了一種習慣性反應。這種習慣性的不快樂反應，大多起因於我們自以為有損於自尊心的某種事情。

一個司機無緣無故的向他人按喇叭，我們談話時有人肆意插嘴，我們以為某人該來幫忙他卻沒有來，等等。甚至一些非個人的事情，也可能被認為是傷害我們的自尊心而引起我們的反應：我們要乘的公共汽車不得已而來遲了，我們要打高爾夫球時偏偏下雨了，我們急著上飛機時交通忽然阻塞了……我們的反應是憤怒、沮喪、自憐，換句話說：不高興！

不要讓事情把你搞得團團轉。治療這種病最好的藥方，就是使用造成不快樂的武器——自尊心。不知你是否看過一個電視節目，看到過節目主持人操縱觀眾的情況？主持人拿出「鼓掌」的標記，大家就都鼓掌；主持人又出示「笑」的標記，所有的人又都笑起來。他們的反應像綿羊一樣，告訴他們怎樣反應，他們就奴隸般順從的做出反應。你現在也是這種反應。

你讓外在事物和其他人來支配你的感覺和反應。你也像馴服的奴隸一樣，等某件事或某種環境向你發出信號——「生氣」、「不痛快」，或者：「現在該不高興了」——你就迅速的服從命令。你的意見可能使事情更不樂觀。甚至在遇到悲慘的條件和極其不利的環境時，我們一般也能做到比較快樂，即使無法做到完全的快樂——只要我們不在不幸之中再加上我們自憐、懊悔的情緒和於事無補的想法。

人是一個追求目標的生物，所以，只要他朝著某個積極的目標努力，他一定能自然正常的發揮作用。快樂就是自然正常的發揮作用的徵兆。人只要發揮一個目標追求者的作用，不管環境如何，他也會感到十分快樂。

心理學家霍林沃茲說過：「快樂需要有困難來襯托，同時需要有以克服困難的行動來面對困難的心理準備。」威廉．詹姆斯說：「我們所謂的災難很大程度上完全歸結於人們對現象採取的態度，受害者的內在態度只要從恐懼轉為奮鬥，壞事就往往會變成令人鼓舞的好事。在我們嘗試過避免災難而未成功時，如果我們同意面對災難，樂觀的忍受它，它的毒刺也往往會脫落，變成一株美麗的花。」

CHAPTER 4
用心去感受幸福和快樂

著名倫理學家愛默生說：「心理健全是到處都能看到光明的秉性。」快樂或隨時保持人的思想愉悅的觀念，能夠在漫不經心的練習中巧妙的、系統的培養出來。首先，快樂不是在你身上發生的事，而是你自己所做的、取決於你自己的事。如果你等著快樂主動降臨，或者碰巧發生，或者由別人帶來，那你可能要等很長時間。除了你自己以外，誰也無法決定你的思想。如果你等著環境來「驗證」你所進行的快樂思維，你就可能要等上一輩子了。

任何一天都有好與壞——沒有哪一天、哪種環境是百分之百的「好」。這個世界上和我們的私人生活中，不斷出現的各種因素和「事實」，它們不是體現出一種悲劇、抱怨的看法，就是一種樂觀、快活的看法，這完全取決於我們的選擇。

在很大程度上，這是一個選擇、注意和決定的問題，而不是思想上的誠實不誠實的問題，好與壞同樣「真實」。養成快樂的習慣，你就變成一個主人而不再是奴隸。就像史蒂文森所說過的：「快樂的習慣使一個人不受——至少在很大程度上不受——外在條件的支配。」

每天都要生活得幸福而富有成效

珍惜你的每一時刻，過去了的就讓它過去，也不要老是幻想將來，把現在緊抓在手，作為你唯一的所有。

美國著名學者阿爾弗雷德·索亞說：「長期以來，對我來說，生活似乎馬上就要開始——真正的生活。但半途中總有障礙，總覺得要先完成某事，先把某個生意做完，先付清某些帳單，之後生活才將會開始。最後，我逐漸認識到，事實上，沒有比現在更適於快樂的時間了。如果不在現在，那是什麼時候呢？你的生活永遠充滿挑戰。最好讓你自己承認這一點並決定去快樂。」

賽莉福斯夫人決定到森林中去享受自然風光，好好享受她「現在」的時光。但是，到森林中以後，她卻讓自己的思想漫遊到她在家時應當做的那些事情上……她在想，小孩、日常用品、住房、票據，每件事情是否都安排妥當了。在其他的時間，她的思緒則飛到她走出森林後將必須做的那些事情上。

現在就這麼過去了，現在就這樣被過去的事情和將來的事情給佔據了，因而，在那種自然風光下，本來是享受現在幸福快樂時光的寶貴機會就這樣失去了。

桑迪蘇爾夫人為了輕鬆一下，自己便去了一些小島。她整個假期都在島上曬太陽，不過，她不是為了享受溫暖的陽光照射在她身上的那種愜意感覺，而是為了等待她那些留守家中的朋友，在看到她回家後的健康膚色後會對她說的一些恭維話語。她的心用在將來的時刻，而當將來的時刻來臨時，她又對無法回到海岸曬太陽惋惜不已。

費希恩先生在閱讀一本教材時，竭力不讓自己的思想走神。但是，他突然發現自己只讀了三頁，他的思想便開始走神了。儘管他的眼睛盯在每個詞上，但他對書中的那些內容卻視而不見，他完全不知所云，一個觀點也沒有吸收。他只是表面上在閱讀，他的「現在」正想著昨晚的電影，或者說，正在擔心明天的測驗。

如果你使自己專心致志於你的「現在」，專心致志於你總是逃避、忽視並讓它白白流逝的時光，那麼，你現在的這種體驗必定極其美好。記住，憧憬、希冀和後悔是忽視現在的最普通、最有害的「策略」。一味逃避現在將導致你對將來過於理想化。你也許會認為，在將來的某一美妙時刻，你的生活將得到改觀，你的每一件事都安排得井井有條，你將找到幸福的感覺。

當你面臨這一特殊時刻時——也許是畢業典禮，也許是新婚之夜，也許是你的孩子出生時，也許是你晉陞、春風得意時，你的生活將真的開始了。當這樣的時刻真的來臨時，往往很令人失望。這種時刻絕不會像你想像的那樣美妙。

當然，一件事情不合你的心意時，你能透過再一次理想化而避免沮喪、氣餒。不要讓這種惡性循環變成你的生活方式。透過想目前的某一重大成就的方式，可以避免你去想那些不合你心意的事件。只要我們想一想，我們就知道，除「現在」之外，確實沒有我們能把握的其他時刻。

「現在」便是一切，將來只有當其來臨時，才能成為你把握的另一個時刻。聰明的人應該把現在緊抓在手，作為你唯一的所有。

如果你不開始採取這樣的行動，那麼，你肯定會過著他人說你必須過的那種生活。生命如此之短暫，你為何不過至少你滿意的那種生活呢?簡言之，生活是你的生活，做你想做的事情。衡量智力的更為確切的標準應當是每天都生活得幸福、富有成效，應當是每天的每一時刻都生活幸福、富有成效。如果你幸福快樂，如果你生活的每一時刻都有價值，那麼，你便是一個睿智之人。

不要為自己的快樂制定太多條件

為了獲得真正的快樂，千萬不要為自己的快樂制定太多的條件。

別說：「只要我賺到一萬元，我就開心了。」

別說：「我只要搭上飛往巴黎、羅馬、維也納的飛機就快樂了。」

別說：「我到六十歲退休的時候，只要睡在躺椅上曬曬太陽就快樂了。」

生活中的快樂，不應該有太多的條件。不論你是百萬富豪或是窮光蛋，每一天都應該有一個基本的目標，就是衷心喜悅的享受生活。患得患失的百萬富豪會對自己說：「有人會偷走我的錢，然後就沒有人理睬我了。」意志堅強的窮光蛋卻會對自己說：「債主在街上追我的時候，我正好可以運動一下。」

不要愚弄你自己，如果你真的想要得到生活的樂趣，你能夠找到，但要有一個先決條件：你必須有這份福氣消受。有許多無福消受生活樂趣的人，他們在功成名就之後，非但不能鬆弛，反而更趨緊張。在他們心目中，似乎老是受到追逐——疾病、訴訟、意外、賦稅，甚至還包括了親戚的糾纏。直到再度嘗到衷心希望的失敗滋味以前，他們無法鬆弛心神。

生活樂趣應從微小事物中去尋求：美味的食物、真誠的友誼、和煦的陽光、歡愉的微笑。莎士比亞在《奧賽羅》一劇中寫道：「快樂和行動，使得時間變短了。」不論時間的長短，讓你的時間充滿愉悅的鈴聲。

對於認為快樂並非生活中一部分的人應該一笑置之，因為他們是無知的一群；但是你也要原諒他們，因為他們不像你這麼睿智聰明。

快樂是真實的，是內發的；除非獲得你的允許，沒有人能夠令你苦惱。你每天都應該記住：快樂是你贈送給自己的禮物，不是聖誕節的點綴，而是整年的喜悅。快樂本來就出自人的心靈和身體組織。我們快樂的時候，可以想得更好，做得更好，感覺得更好，身體也更健康，甚至肉體感覺都變得更靈敏。

一項研究發現，人在快樂的思維中，視覺、味覺、嗅覺和聽覺都更靈敏，觸覺也更細微。人進入快樂的思維或看到愉快的景象，視力立即得到改進；人在快樂的思維中記憶大大增強，心情也很輕鬆；精神醫學證明：在快樂的時候，我們的胃、肝、心臟和所有的內臟會發揮更有效的作用。

美國的亞歷山大．辛得勒博士說：「不快樂是一切精神疾病的唯一原因，而快樂則是治療這些疾病的唯一藥方。」看來，我們對於快樂的普遍看法有些是本末倒置的。我們說：「好好做，你會快樂。」或者對自己說：「如果我健康、有成就，我就會快樂。」或者教別人「仁慈、愛別人，你就會快樂。」其實更正確的說法是：「保持快樂，你就會做得好，就會更成功，更健康，對別人也就更仁慈。」

快樂不過是「我們的思想處於愉悅時刻的一種心理狀態」。如果你一直等到你「理應」進行快樂思維的時刻，你很可能產生你自己不配得到快樂的不快樂思想。斯賓諾莎說：「快樂不是美德的報酬，而是美德本身；我們不是由於抑制慾望而享受快樂，相反，我們享受快樂才能抑制慾望。」

快樂不是爭來的東西，也不是應得的報酬。快樂不是道德問題，就像血液循環不是道德問題一樣。快樂與血液循環二者都是健康生存的必要因素。

快樂是比歡樂更持久的情緒

歡樂是我們在進行一種活動時的感受；快樂則是活動結束之後才會感受到的。快樂是更深入、更持久的情緒。美國的普萊格教授說：「明白了歡樂並不等於快樂，最能令我們得到解脫。我住在好萊塢和迪斯尼樂園所在的地方，一年到頭陽光充沛。或許你會以為，住在這樣一個歡樂的地方，一定比別人快樂。如果你這樣想，你的看法就不免有些錯誤了。」

許多聰明人認為歡樂就等於快樂，但事實上，它們兩者之間並沒有共通之處，就算有，也很少。到遊樂場去遊玩，去看球賽或電影，或者看電視，全都是歡樂的活動，能幫助我們鬆弛身心，忘卻煩惱，甚至哈哈大笑。但是，它們不一定會帶來快樂。美國學者威爾士指出：我常常認為，如果說好萊塢的電影明星對我們有什麼影響的話，那就是他們讓我們知道了快樂和歡樂的區別。

這群既富有又漂亮的人經常參加盛大的宴會，坐豪華的汽車，住金碧輝煌的房子，這一切都意味著「歡樂」。可是，這些名人一個又一個的在他們的回憶錄中，揭露他們歡樂背後隱藏著的不快樂：情緒消沉、酗酒、吸毒、離婚、子女行為有問題、極度孤寂。

可惜的是許多人相信，只要下一次參加的盛大宴會更盛大，坐的汽車更豪華，渡假享受更高級，買的房子更堂皇，那麼，他們就可以得到前所未有的快樂。許多人執迷不悟，認為生活中充滿了歡樂就等於快樂，其實，這種觀念只能減低他們得到真正快樂的機會。

如果尋歡作樂就等於快樂的話，那麼痛苦就該等於不快樂了。然而，事實卻剛好相反：能帶來人生快樂的事物往往都含著一些痛苦。

許多人都逃避那些快樂之源的事情。他們對於結婚、生兒育女、爭取專業成就、助人行善等等事情所帶來的痛苦，都感到害怕。不妨問一下單身漢，為什麼他和異性約會已越來越厭煩，還不肯結婚？如果他老實，他會說他害怕承擔責任。承擔責任事實上是痛苦的。獨身生活充滿歡樂、新鮮和刺激；婚姻生活中雖然也有歡樂，但它們卻不是最顯著的特徵。

同樣的，一對夫婦不想生兒育女，只想得到全無痛苦的歡樂，不想得到有痛苦的快樂。他們可以隨時上館子、旅行、想睡多晚就多晚。但子女尚在襁褓之中的夫妻，能睡一晚好覺或者有三天假期，真可以說是萬幸。

威爾士說：「我從未聽過一個做父母的人說帶孩子是歡樂事。可是，不生孩子的夫妻不會體驗到摟抱孩子或者安頓孩子上床睡覺的樂趣。他們也不會體驗到看著孩子長大的樂趣。我當然也愛好尋歡作樂。我喜歡打網球，愛和兒童（以及任何人）開玩笑，而且，我還有許多嗜好。可是，這些作樂方式並未真正能令我快樂。一些比較困難的事情——例如：寫作、撫育子女、促進夫妻關係、嘗試做好事等——帶給我的快樂，大於我從那短暫的歡樂中所能獲得的。」

明白和承認了歡樂並不等於快樂，可使我們得到解脫，使我們更好的利用時間做快樂的事，使金錢得以善用。那些富有而漂亮的人之所以被認為是快樂的，只是因為他們永遠有很多的歡樂，而事實上，他們可能並不快樂。一旦我們明白了歡樂並不一定會帶來快樂，我們的生活就會開始改變。

把關注焦點，放在使你快樂的事情上

富蘭克林說：「我們的一生有太多地方可以去注意的了，隨便你怎麼去看，但為何偏偏就是有那麼多人只看消極而無法控制的那一面呢？」班傑明．富蘭克林的成功激勵了一代又一代美國人。富蘭克林說：世界上有兩種人，他們的健康、財富以及生活上的各種享受大致相同。結果，一種人是幸福的，而另一種卻得不到幸福。他們對物、對人和對事的觀點不同，那些觀點對於他們心靈上的影響因此也不同，苦樂的分界主要也就在於此。

一個人無論處於什麼地位，遭遇總是有順利和不順利；無論在什麼交際場合，所接觸到的人物和談吐，總有討人喜歡的和不討人喜歡的；無論在什麼地方的餐桌上，食物的味道總是有可口的和不可口的，菜餚也是煮得有好有壞；無論在什麼地帶，天氣總是有晴有雨；無論什麼政府，它的法律總是有好的，也有不好的，而法律的施行也是有好有壞。

天才所寫的詩文有美點，但也總可以找到若干瑕疵；差不多每一個人的臉上，總可找到優點和缺陷；差不多每一個人都有他的長處和短處。在這些情形之下，上面所說的兩種人的注意目標恰好相反。

樂觀的人所注意的是順利的際遇、談話之中有趣的部分、精緻的佳餚、美味的好酒、晴朗的天氣等等，同時盡情享樂。悲觀的人所想的和所談的卻只是壞的一面，因此他們永遠感到快快不樂，他們的言論在社交場所既大煞風景，還會得罪許多人，以致他們到處和別人格格不入。

如果你召開一次業務會議，結果其中有一位主管未能及時到場，這時你心中的感受就取決於你自身所想。在你心中對於他之所以無法到場持什麼樣的看法呢？是他根本就不在乎這場會議，還是他碰巧遇上了什麼困難？這就要看你是從什麼角度去看了，你關注什麼樣的焦點，就會造成什麼樣的情緒。

如果說他無法及時到場，是因為正和別人如火如荼的談一筆大生意，你卻因他不在場而發火，待日後知道真相時那如何是好？別忘了，我們目光所關注的東西，往往會決定我們的情緒，所以最好不要動不動便貿然下結論。如果你想讓心情馬上好起來，那也很容易，只要把關注的焦點放在曾經使你快樂的事情上，不管是跟你的家人、朋友或任何人都行。

假想你去參加一個宴會，隨身帶了一台攝影機。整個晚上，若是你把鏡頭一直對向大廳左側一對在爭吵的夫妻身上，是不是連帶著自己的心情也不快了呢？就由於你一直看著他們的爭吵，進而心裡便興起這樣的念頭：「真是糟糕的一對，好好的宴會都被破壞了。」

然而，要是你整個晚上都把目光放在大廳的右側，那裡圍坐著一群高聲談笑的來賓，這時若有人過來與你攀談你對這場宴會的感覺，相信你一定會這麼說：「噢！這場宴會真是棒極了！」

據說，耶穌在佈道時，曾做過這樣一個比喻：

「如果一個人有一百隻羊，其中一隻迷了路，他豈不把那九十九隻留在山上，而去尋找那隻迷路的嗎？如果他幸運找著了，我實在告訴你們：他為這一隻，比為那九十九隻沒有迷路的，更覺歡喜……」要是找不到這隻迷失的羊，會怎樣呢？

你可以把關注的焦點放在未來的美夢上，提早感受你將來成功時的興奮與快樂，那可以帶給你拿出行動去付諸實現的幹勁。

學會享受一下自己目前正在做的事情

心理學家喬治．韋伯說：「如果你無法享受自己所做的事情，你不但欺騙了自己，也無法從中獲得一點樂趣，只會使自己變得不可愛。」現實生活中的許多人認為，工作是苦的，玩樂是將來必然會吃到苦頭的。

那些辛苦做牛做馬的人期待有一天能夠享清福，那一天卻永遠不會到來，因為他們老早就失去了享樂的能力。他們總會告訴自己，再吃點苦頭吧！萬一環境給的苦頭不夠，閒著也是閒著，就會找自己的麻煩，或找其他人的麻煩。他們習慣了，是沒辦法從「辛苦」兩個字中退休的。

而世界上的人也不知不覺被二分法歸類：苦者恆苦，墮落者恆墮落（你既瞧不起他，他也瞧不起你）。殊途同歸的是，兩種人都不快樂。

能夠把生活和工作都當成享樂的人，真的很少。心理學家喬治・韋伯說：「如果你無法享受自己所做的事情，你不但欺騙了自己，也無法從中獲得一點樂趣，只會使自己變得不可愛。」

有一次，有個女人對韋伯說，她是一個好媽媽。韋伯沒有回她的話，不過，他瞭解她的生活方式。她根本不會游泳，也不喜歡玩水，但她還是每天帶孩子去游泳，也幾乎每天打乒乓球，可是不在乎技巧，看到任何新事物、新地方，玩任何遊戲都顯得不怎麼愉快；她雖然把孩子照顧得無微不至，卻覺得這個世界冷酷無情。她的孩子非常愛她，卻又有點想躲開她。

夏天在游泳池畔，我們常常看到這類母親：她們從不下水，無奈的在一旁看報紙，或跟坐在旁邊的太太抱怨自己的辛勞，還不時對水中的孩子大呼小叫：「危險！不要這樣！回來！」犧牲精神令人感佩，但連旁人都覺得非常緊張。

也許真的是在盡義務，但不妨放慢腳步，享受一下自己目前正在做的事情。對於生活來說，永遠只有現在，我們擁有的每一刻都是當下的這一刻，不享受白不享受。有時必須做的事情確實是我們無法打從心裡喜歡的，我們就好像是愛看文藝片的人，卻被迫待在電影院裡看一部災難片，又無法脫逃。

一直當個不快樂的旁觀者，電影會演完；當個享受期待劇情發展的人，電影也會演完，何不讓自己愉快些，不要如坐針氈。與其盲目追求生活的享受，不如細細體味一下眼前的生活。

用快樂的心情去感受日常的工作

亞伯拉罕·林肯說：「只要心裡想快樂，絕大部分人都能如願以償。」當我們在做自己喜歡的事情時，很少感到疲倦，很多人都有這種感覺。

比如在一個假日裡你到湖邊去釣魚，整整在湖邊坐了十個小時，可你一點都不覺得累，為什麼？因為釣魚是你的興趣所在，從釣魚中你享受到了快樂。產生疲倦的主要原因，是對生活厭倦，是對某項工作特別厭煩。這種心理上的疲倦感，往往比肉體上的體力消耗更讓人難以支撐。

事實上，生活中的很多時候，我們都能尋找到樂趣，只要你用快樂的心情去感受，你就能感到你身邊工作的快樂。這裡介紹幾種從工作中獲得樂趣的方法。

一、把工作看成是創造力的表現

現實中的每一項工作都可以成為一種具有高度創造性的活動。一位教師上一節好的課，不遜色於編排一出精彩的戲劇，一個運動員完美無缺的動作，從創造的角度來看，可以與十四行詩那樣的作品相媲美，並且可以獲得同樣的精神享受。

也許你會說，自己是一名家庭主婦，並沒有從事任何創造性的事業。這你就錯了。你是否想過，你的一日三餐就如設宴一樣；你對桌布、餐具的鑒賞力都有獨到之處，能別出心裁，怎麼說沒有創造性呢！年青的畫家也許能從你那裡得到啟示：第一流的湯可以比第二流的畫更富有創造性。

二、把工作看成是自我滿足

為了自我滿足而從事體育運動是一種樂趣。如果這是強制的運動，就未必是愉快的。

一位婦產科大夫似乎心情特別愉快，因為他剛剛接生了第一百名嬰兒；一名足球員也因他剛踢進本賽季第十顆進球而欣喜若狂，現在，他又為自己想踢進第十一顆進球而興高采烈的開始了新的訓練。

三、把工作看成藝術創作

有一次，一位教授指著一位在附近挖排水溝的工人讚賞的說：「那是一個真正的藝人。看著那些污泥竟能以鐵鍬上的形狀飛過空中，恰好落到他想讓它落下的地方。」

假如每個人都把自己的工作當成藝術創作，就能把自己單調、枯燥的打字看成是在鋼琴前創作新的圓舞曲，把你在廚房炒菜，看作是油畫創作，油、鹽、醬、醋就是你的顏料，炒出的新花樣就是你創作的新作品。

四、把你的工作變為娛樂活動

把工作看作娛樂，就能以工作為消遣。在實際中很多人正是這樣做的。請記住勞動和娛樂的不同就在於思想準備不同。娛樂是樂趣，而勞動則是「必做」的。

假如你是職業足球員，如果把注意力放在娛樂上，你就可以和業餘足球員一樣，更加的投入比賽。這裡不是說比賽本身不重要，而是不要把全部精力集中到比賽這個「賭注」上，而忘記了踢球本身就是娛樂。常常是忘記了「比賽」，獲勝的機會更大。

心中充滿快樂時，自然感到身邊的工作也有趣，終日自怨自艾，只是無益的自尋苦惱。學會從工作中獲得樂趣，即在苦中亦能尋樂，那將是你人生成功的一大祕訣。

隨時都可以尋找減輕負擔的方法

很多人都喜歡房子清理過後煥然一新的感覺。你在拭掉門窗上的塵埃與地面上的污垢、讓一切整理就緒之後，整個人好像突然得到一種釋放。

你一定有過年前大掃除的經驗吧！當你一箱又一箱的打包時，是不是驚訝自己在過去短短幾年內，竟然累積了那麼多的東西？你是不是懊悔自己為何事前不花些時間整理，淘汰一些不再需要的東西，否則，今天就不會累得你連背脊都直不起來？

大掃除的懊惱經驗，讓很多人，懂得一個道理：人一定要隨時清理、淘汰不必要的東西，日後才不會變成沉重的負擔。人生又何嘗不是如此？在人生路上，每個人不都是在不斷的累積東西！這些東西包括你的名譽、地位、財富、親情、人際、健康、知識等等；另外，當然也包括了煩惱、憂悶、挫折、沮喪、壓力等等。這些東西，有的早該丟棄而未丟棄，有的則是早該儲存而未儲存。

問自己一個問題：我是不是每天忙忙碌碌，把自己弄得疲累不堪，以至於總是沒能好好靜下來，替自己做清理？對那些會拖累你的東西，必須立刻放棄——清理心靈的意義，就好像是生意人的「盤點庫存」。你總要瞭解倉庫裡還有什麼，某些貨物如果無法限期銷售出去，最後很可能會因庫存過多拖垮你的生意。

在人生諸多關口上，我們幾乎隨時隨地都得做清理。唸書、出國、就業、結婚、離婚、生子、換工作、退休……每一次的轉折，都迫使我們不得不「丟掉舊的你，接納新的你」，把自己重新「清理一遍」。不過，有時候某些因素也會阻礙我們放手進行清理。比如：太忙、太累；或者擔心清理完之後，必須面對一個未知的開始，而你又確不定哪些是你想要的。萬一現在丟掉的，將來需要時又撿不回怎麼辦？

的確，清理心靈原本就是一種掙扎與奮鬥的過程。不過，你可以告訴自己：每一次的清理，並不表示這就是最後一次。而且，沒有人規定你必須一次全部清乾淨。你可以每次清一點，但你至少必須立刻丟棄那些會拖累你的東西。

岡田有過一個有趣的親身經歷。有一年他和一群好友到東非賽倫蓋蒂平原去探險。當時，正逢東非遭受嚴重旱災。在旅途中，岡田隨身帶了一個厚重的背包，裡面塞滿了食具、切割工具、挖掘工具、衣服、指南針、觀星儀、護理藥品等。岡田對自己的背包很滿意，認為已為旅行做好了完全的準備。

一天，當地的一位土著嚮導檢視完岡田的背包之後，突然問了一句：「這些東西讓你感到快樂嗎？」岡田愣住了，這是他從未想過的問題。他開始問自己，結果發現，有些東西的確讓他很快樂，但是，有些東西實在不值得他背著它們，走了那麼遠的路。岡田決定取出一些不必要的東西送給當地村民。接下來，因為背包變輕了，他感到自己不再有束縛，旅行變得更愉快。

岡田因此得到一個結論：生命裡填塞的東西愈少，就越能發揮潛能。從此，岡田學會在人生各個階段中定期解開包袱，隨時尋找減輕負擔的方法。

生命的進行就如同參加一次旅行。你可以列出清單，決定背包裡該裝些什麼才能幫你到達目的地。但是，記住，在每一次停泊時都要清理自己的口袋：什麼該丟，什麼該留，把更多的位置空出來，讓自己活得更輕鬆、更自在。

全心全意去擁抱和感受生活

個人命運能夠成功、理想得以實踐的條件，是建立在你以你想過的方式去度過每一天。

大約有百分之八十的就業人口每天一大早起床後，開始幫他們一點也不尊敬的人，做極度痛恨的工作。只為了一份微薄的薪水，耗去了他們如此日復一日長達四十到五十年的人生歲月！這是多麼令人吃驚又充滿警示性的統計數字！你屬於這群人中的一分子嗎？如果是，那麼，從現在開始就要考慮：怎樣做才不會再成為這樣的人！

我們可能常聽到這種說法，你必須為任何享受到的成功付出代價。的確如此。但是，也許為了「不」達到你人生想要的成功，你已經付出了相當的代價；為了「不」擁有你真正想要過的生活，你已經付出了代價；為了「不」成為你想要成為的人，你也已經付出了代價。

不要選擇付出如此無謂的代價。許多人認為成功的定義就是會有很多錢。但是金錢不是成功的最終目的，而只是幫助你實現成功的工具。你可以藉由金錢實現成功，但擁有金錢或金錢的本身並不一定會使你成功。

僅憑金錢本身不能保證你會成功。擁有財富並不是成功的終點，不是要讓你從此以後枕著柔軟的枕頭，每天舒舒服服的躺在床上，一件事也不用做；或只是一天到晚享用無盡的美食。

個人的成功，在於能夠每天早上對自己說：「我等不及要面對這一天，我熱切的想知道前面的路上有什麼事物在等著我，我將會有所學習和成長。我願意正面迎向挑戰，也有把握贏得每天的戰役。我滿心期待我今晚能好好的躺在床上，有個美夢。我知道我是最棒的，我會盡我所能去迎接各種可能面臨的事物。」

許多人「做五盼二」（不情願的工作五天，祈盼著那兩天休息的日子）。他們從星期一工作到星期五，僅僅星期六、日兩天可以算是他們自己的日子。也就是說，他們一星期裡為別人辛勤工作五天，然後只有到了週末才算「擁有自己真正的生活」。

這樣看來，這些人七分之五的生命都悄悄的流失掉了。成功是每一天——無論這一天是一星期裡的任何一天——都全心全意擁抱生命，熱切的迎接每一個機會和可能的挑戰。

欣賞你所做的——不論這一天是星期二或是星期六——這就是成功！你能夠欣賞你做的一切，從中發覺具有的意義，對你和他人相處的人際關係中獲得滿足感，有一種充實的感受，並確信自己正朝向你的人生大道前進。

你曾否把快樂當成目標？你不可能只因決定「今天我要快樂」，或「今天我要比昨天更快樂」，就因而得到快樂。快樂絕不該是你生命的條件，想要因為加薪升級而得到快樂，無異是緣木求魚。快樂絕不可能是你所追求、努力，或奮鬥事物的結果。

你可以由你的努力中期待許多報償——財務上的安全、智慧上的刺激、或是身心需要的滿足，但快樂不應該成為你的目標或爭取的目的。

刻意追求它，是永遠得不到的。反而是當你不去在意它時，它卻幡然在你眼前出現。在快樂到來之際歡迎它，它常常是不請自來、但你永遠期盼的奇妙禮物。

快樂來自於活在當下，當你突然明白週遭微風拂過樹梢、枝頭彎折、山坡頂的薄霧和明亮的天空全都是你的延伸之時，你就會感受到快樂。不要太嚴肅看待自己或人生，不要把重心放在答案或解決方法上，而該更在意帶給你歡樂的事物。

克服心理上的焦慮

焦慮往往伴隨著得不到滿足的痛苦和不愉快，所以，它比壓力下的緊張更折磨人，是一種不良的情緒。當你將要進入到某一社交場合、某一個新的環境，面臨升學、就業、考核、升級等情況時，往往會由於懷著期待和擔心而焦急不安，顧慮重重，情緒緊張，這是有一定對象和具體原因的焦慮。

在另一些情況下，並沒有什麼重大事情，卻產生莫名其妙的緊張，總是心神不寧，茫然若失，這也是一種焦慮情緒的反應。

焦慮是怎樣產生的呢？有的是由於強烈的自卑感，缺乏自信心造成的；有的是希望有所成就，但不知自己的目標在哪兒，怎樣達到目標，空有成就事業的願望，卻無法找到一條切實可行的路，由此而產生焦慮。

此外，不如意的同事關係、上下級關係，過高的成就欲而久久不能達到的受阻感，對切身利益過於重視而期待殷切，卻又擔心實現的可能性等，這都會使人產生焦慮情緒。

焦慮不僅是一時的狀態，它在持續一段時間後便有可能內化為性格特徵。如果一個人久陷焦慮情緒而不能自拔，內心便常常被不安、懼怕、煩惱等情緒所累，行為上就會出現退避、消沉、冷漠等情況。而且由於願望的受阻，常常會懊悔，自我譴責，久而久之會導致精神異常。

心理學家指出，儘管每個人產生焦慮情緒的原因不同，但最根本原因有兩個：

一是自我期待較高，自尊心強，但自信心差。所以，他們往往處於一種矛盾的心理狀態，既希望自己獲得成功，又害怕可能遇到的阻礙與失敗。對成就的渴望和對失敗的擔憂，對未來的幻想和對眼前障礙的害怕交織在一起，產生了又想邁步又顧慮重重的焦慮情緒。

二是是過於注意自己，心胸較狹窄，對個人的名利得失較關心。當

然，個性因素，如：內向、敏感、膽怯、猶豫不決等，也是焦慮產生的溫床，而失眠、厭食、神經衰弱等慢性病，也可能加劇焦慮情緒，生理疾病與心理病態互相作用，便可能產生惡性循環。

找出了病因，我們就可以對症下藥，採取下列手段，克服焦慮。

一、鍛練自己的性格

根據心理學的研究成果，一個人的性格決定他的氣質和情緒發展。性格外向，情緒容易激動；性格內向，情緒相對較為穩定。因此，我們要努力培養自己良好的性格特點，保持情緒的穩定。

二、要樹立自信心

自信心的樹立，靠自己具備紮實的基礎知識和基本技能，靠對工作任務、性質、環境和可能遇到困難的如實瞭解。情況明，信心增，這是很有道理的。對情況心中有數，相信自己能夠應付，才會消除顧慮。

三、要有應對困難壓力的心理準備和戰勝它們的勇氣

人生沒有平坦的大道，也不可能不遇到困難。當焦慮襲來之日，往

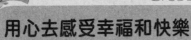

往就是被困難挫折壓倒之時。只有具備了勇往直前的勇氣，敢於承擔責任，敢於正視現實，我們才能抵制住焦慮情緒的進攻。

四、善於調節情緒，保持心理平衡

對自己不要過於苛求，對具體目標要進行合理的分析。

如果一時因為客觀原因而達不到既定目標，不妨變通一下，盡量為自己創造一個良好、輕鬆的生活環境。

CHAPTER 5

正確認識和**接納**自己 發掘**潛能**

情商的一個重要指標就是認識和接納自我的能力。認識自己是情商修練的基礎，它能形成健全的人格結構，培養良好的道德品質，為個人的成長與發展鋪平道路。

努力實現自我，才是成功的人生

「走自己的路，讓別人說去吧！」我們對但丁的這句名言並不陌生。可是，我們在生活中是否信奉它，實踐它呢？哲學家蘇格拉底曾被人貶為「讓青年墮落的腐敗者」。

美國職業足球教練文斯．倫巴迪當年曾被批評為「對足球只懂皮毛，缺乏鬥志」。貝多芬學拉小提琴時，技術並不高明，他寧可拉他自己作的曲子，也不肯做技巧上的改善。他的老師說他絕不是一個當作曲家的料。

發表《進化論》的達爾文當年決定放棄行醫時，遭到父親的斥責：「你放著正經事不做，整天只管打獵、捕捉野獸！」另外，達爾文在自傳上透露：「小時候，所有的老師和長輩都認為我資質平庸，我與聰明是沾不上邊的。」

愛因斯坦四歲才會說話，七歲才會認字。老師給他的評語是：「反應遲鈍，不合群，滿腦袋不切實際的幻想。」他曾遭到退學的命運。牛頓在小學的成績一團糟，曾被老師和同學稱為「呆子」。羅丹的父親曾怨歎自己有個白癡兒子，在眾人眼中，他曾是個前途無「亮」的學生，藝術學院考了三次還考不進去。

如果這些人不是「走自己的路」，而是被別人的評論所左右，怎麼能取得舉世矚目的成績？人生的成功自然包含有「功成名就」的意思，但是，這並不意味著你只有做出了舉世無雙的事業，才算得上成功。

世界上永遠沒有絕對的第一。看過馬拉度納踢球的人，還想一身臭汗的在足球隊裡混嗎？聽過帕瓦羅蒂歌聲的人，還想修練美聲唱法嗎？——其實，如果總是擔心自己比不上別人，只想功成名就，那麼世界上也就沒有帕瓦羅蒂、馬拉度納這些人了。

一位作家說得好：「世界上有大狗，也有小狗。小狗不該因為大狗的存在而心慌意亂。所有的狗都應當叫，就讓牠們各自用自己的聲音叫好了。小狗也要大聲叫！」

實際上，追求一種充實有益的生活，其本質並不是競爭性的，並不是把奪取第一看得高於一切，它只是個人對自我發展、自我完善和美好幸福的生活的追求。

那些每天一早來到公園練武打拳、跳健康操、練土風舞的人，那些只要有空就練習書法繪畫、設計剪裁服裝和唱戲奏樂的人，根本不在意別人對他們姿態和成果品頭論足，也不會因沒人叫好或有人挑剔就停止練習、情緒消沉。他們的主要目的不在於當眾展示、參賽獲獎，而是自得其樂、自有收益，滿足自己對生活美和藝術美的渴求。

真正成功的人生，不在於成就的大小，而在於你是否努力的去實現自我，喊出屬於自己的聲音，走出屬於自己的道路。在人生的旅途上，你必須做出這樣的抉擇：你是任憑別人擺佈，還是堅定的自強；是總要別人推著你走，還是駕馭自己的命運，控制自己的情感。

只有真正認識了自己，才會知道自己的價值

古希臘著名的哲學家蘇格拉底經常引用的一句話就是：「認識你自己。」現在，這句話已經成了希臘家喻戶曉的一句民間格言，他們時時刻刻都在提醒自己，一定要認識自己，看清自己。只有真正認識了自己，才會知道自己存在的價值；只有真正認識了自己，才能夠有作為，更好的發展自己。

在競爭異常激烈的今天，認識自己的重要性不言而喻。這是一項成就事業最起碼的能力，如果連這項能力都不具備，這個人的一生必將渾渾噩噩，碌碌無為。

一個人無法認識自己，就很可能會選擇自己不擅長的職業，奮鬥一輩子仍然在原地打轉；一個人無法認識自己，在愛情上會錯誤的選擇一

個人，一輩子都在痛苦中煎熬。

認識自己很重要，但認識自己也並不是一件容易的事情。你認識你自己嗎？在工作中，有人也許會經常這樣感歎：「我越來越迷茫了，越來越不知道自己能做些什麼了。我的理想在哪裡？我的目標在哪裡？我都不知道。我只知道按部就班的上班、下班，渾渾噩噩的生活。沒了激情，沒了希望，我這一生就這樣完了。」世界上最悲哀、最痛苦的事情莫過於如此，活了一輩子還沒有活出個樣子來，還沒有弄清楚自己活著的意義，還不知道自己做了些什麼。請試著反問一下你自己：你找到自己的位置了嗎？

很多人總說自己不成功，總抱怨自己的機遇不好。但是怨天尤人是沒有用的。為什麼不成功？應該從自己身上找原因。你真正認識你自己了嗎？你按照自身的特點和優勢去做事情了嗎？還是盲目的看見別人做什麼，自己就做什麼？

很多人無法成功，最大的原因就是沒有真正的認識自己，走了很多彎路，到頭來發現這條路不適合自己，於是，又走回來。可見，清楚的認識自己，對人生、對成功都是至關重要的。

為了正確的認識自己，首先要認真思考和回答好如下三個問題：

一、我能做什麼？

這個問題很簡單，可是仍然有很多人不知道自己能夠做什麼。有時候覺得自己什麼都能做，有時候覺得什麼都做不了。

你能做什麼，是基於你自身的能力。人要想生存，就必須具備一定的能力。比如，你英語很好，這就是你的能力，你就可以當翻譯、英語教師等；比如你能說善道，你就可以當銷售員等。所以，人生在世，必須培養自己一項或幾項基本技能。如果你把這個問題弄清楚了，在求職的時候，就能夠少走些彎路。

二、我應該做什麼？

人不能總滿足於現狀。如果你只想活下去，那你就沒有必要考慮這個問題了；如果你想活得更好，你就要仔細考慮這個問題。在你力所能及的基礎上，你還應該做些什麼來提升自己、發展自己呢？

比如，你口才很好，那麼你甘心只幫別人賣一輩子的房子嗎？你是不是應該在和客戶打交道的時候，不斷累積資源，不斷擴展自己的關係網，條件成熟的時候，自己開一家房地產仲介公司？你唱歌唱得好，難道你僅僅滿足於在酒吧裡唱嗎？難道你就不想出自己的唱片？不想成為萬眾矚目的歌星？

三、我喜歡做什麼？

如果你對這個問題做出的答案和第一個問題一樣，恭喜你，你找對了自己的位置。只要你努力下去，你不但可以成功，還可以得到幸福。

這個問題是基於一個人對幸福的追求而設，很多人可以成功，但他們並不幸福。成功和幸福是兩碼事，你擁有巨大的財富，你擁有顯赫的聲名，可是你卻做著自己不喜歡做的事情，你的精神在遭受著折磨，那麼你還有什麼幸福可言？

你雖然只是一個普通的畫家，但你能夠養活自己和家人，又把畫畫作為你一生的興趣和追求，你活著就很充實和幸福。所以，如果前面兩個問題你都回答好了，就可以進一步想想第三個問題。最好的結果莫過於這三個問題的答案都一致。

如果你真的想快樂，想輕鬆，想幸福，那麼，你就趕快從世俗的名利中抽身出來，利用你已有的條件做你自己喜歡做的事情吧！

對自己要有足夠的信心

任何一個人，如果沒有「信心」、「信念」、「自信」，他就會生活在畏畏縮縮之中，每天都是「戰戰兢兢，如履薄冰」。這樣的人，不要說「成功」，就是維持生存也會出現問題。

樹立「信心」，堅定「信念」，提高「自信」，是每一個人都應該努力做到的，也是可以辦得到的。這是一種不需要任何本錢的無價之寶，只要善於經營，隨時隨地可以修練好自己的自信心。

自信的反面是自卑。心理學認為，自卑是一種因為過多的否定自我而產生的自慚形穢的情緒體驗，其主要表現為對自己的能力、學識、品格等自身因素評價過低；心理承受能力脆弱，禁不起較強的刺激；謹小慎微，多愁善感，常產生猜疑心理；行為畏縮、瞻前顧後等。

自卑心理可能產生在各個年齡層和各式各樣的人身上。

有些人雖然德才平平，但是生命中仍然可以閃現出「輝煌」與「亮麗」，可是他們往往容易產生「看破紅塵」的感歎，常常表現出「流水落花春去也」的無奈，有的人甚至把悲觀失望當成了人生的主調。

有些人經過奮力拚搏，工作有了成績，事業創造了「輝煌」，可是他們又常常擔心「風光」不再，容易產生前途渺茫、「四大皆空」的哀歎。可以這樣說，無論多麼優秀的人才，如果從負面進行考慮，都可能產生自卑心理。

美國心理學家曾做過這樣一個實驗：他們將男女四十個人分為兩組，每組有十個男人，十個女人。

先拿大半杯水給這些人看，問他們水是多還是少。有的人回答「多」，有的人回答「少」。再給這些人十美元，問同樣的問題，答案依然是有的人回答「多」，有的人回答「少」。

心理學家對這些答案進行分析後發現：兩道題的答案都是「多」的人，一般都比較樂觀，遇到事情都喜歡往好處想，對自己比較有信心；

而兩道題都回答「少」的人，一般都比較悲觀，遇到事情常常往不好的方面想，對自己缺乏應有的信心——這就是自卑心理在作怪。

這種自卑心理是壓抑自我的沉重精神枷鎖，是一種消極、不良的心境。它消磨人的意志，軟化人的信念，淡化人的追求，使人銳氣鈍化，畏縮不前，從自我懷疑、自我否定開始，以自我埋沒、自我消沉告終，使人陷入悲觀哀怨的深淵無法自拔。因此，必須要加以克服和修正。

自卑的對立面是自信，自信就是自己信得過自己，自己看得起自己。別人看得起自己，不如自己看得起自己。

美國作家愛默生說：「自信是成功的第一祕訣。」「自信是英雄主義的本質。」自信是發揮主觀能動性的閘門，啟動聰明才智的馬達，這是很有道理的。

要確立自信心，就要正確的評價自己，發現自己的長處，肯定自己的能力。中國有個成語叫作「人貴有自知之明」，這個「明」，既表現為如實看到自己的短處，也表現為如實分析自己的長處。如果只看到自己的短處，表面上看起來是謙虛，實際上是自卑心理在作怪。應該明白

「尺有所短，寸有所長」，每個人都有自己的優勢和長處。

如果我們能客觀的評估自己，在認識缺點和短處的基礎上，找出自己的長處和優勢，並以己之長比人之短，就能激發自信心。

如何樹立自信心和必勝的信念

自信是一種十分可貴的品質。很難想像一個缺乏自信的人會取得出類拔萃的成就。一個人是不是有自信心來源於他對自己能力的認識。相信自己能完成各種任務、應付各種生活事件、達到預定目標的人，必然是一個充滿自信的人。

個人對自己能力高低的看法取決於許多因素，最主要的有兩項：一是本人過去成功和失敗的經驗，二是周圍的人對他的態度。一個人如果總是失敗，那他就會懷疑自己的能力，覺得自己的能力不如別人；反之，一個人如果屢屢成功，每戰必勝，往往就會覺得自己很優秀，很有能力。

此外，個人對自己能力的認識還與周圍的人對待他的態度有關。心理學研究顯示，周圍的人對待一個人的態度，就像一面鏡子，折射出這個人的自我意識。也就是說，個人是透過別人對自己的態度來認識自己的。例如，家長和老師如果對孩子要求過嚴，總是用批評的態度對待他所做的事情，指責他事沒做好，罵他笨蛋，那麼，久而久之，孩子就會真的認為自己不行。

在青少年時期，人的自我意識發展很快，對自己的要求也變得更高。另外，加上學習任務的繁重、社會期望的增高、人際關係的複雜，自信心會受到各種事情的不斷衝擊。假使一個人從小就沒有樹立起自信，那麼他受到的打擊會更大。

一個人如果缺乏自信，會變得畏縮不前，缺乏勇氣和競爭心；會影響自身才能的發揮，影響人的精神狀態；還會導致許多其他的心理問題。那麼，一個人應該如何樹立自信心和必勝的信念呢？如下幾點建議可供參考：

一、正確的認識自我

缺乏自信的人的認知特點是過低估價自己，只看到他人的優點。看不見自己的長處；只看到完成工作的困難，而忽視有利條件。

認為如果成功，都是因為運氣好；一旦失敗，則是因為自己無能、蠢笨。自己的優點和長處是無足輕重的、暫時的，其他人也很快就會具備的；而別人的優點和長處卻是實在的、重要的、自己很難達到的。這樣的自我認知者行動上往往是無法發揮正常水準，常常坐失良機，事後又懊悔不已。

事實上，每個人都有缺點和不足，只看到別人的優點而以此貶低自己是片面的、不妥的。反過來，每個人都有自己的長處和優點，任何人都能在社會中找到適合自己的位置，正所謂：「天生我材必有用。」一個人要學會全面、客觀的認識自我與他人。

二、建立合理的期望值

人們對目標的期望影響著對實際結果的感覺。比如，考試成績同樣都是七十分，一個估計自己很難及格的學生，會感到得意洋洋；而對於一個估計自己應考九十分的學生而言，卻是一次不小的失敗。如果這種經歷反覆出現的話，前者就會變得盲目自信，而後者會變得缺乏自信。

因此，確立經過努力可以達到的水準是很重要的，它可以幫助人們形成良好而適度的自信心。

三、提高認知水準

一件事情的成功與失敗，不能簡單的歸因於某一個條件，它跟主觀努力、個人能力、機遇、任務難易等許多因素相關。因此，對於每次具體的成功與失敗，都既要看到自身主觀條件，也要看到客觀外部環境，進而做出恰如其分的評價和相應調整。

四、從另一個方面彌補自己的弱點

一個人有著多方面的才能，社會的需要和分工更是萬象紛呈。一個人這方面有缺陷，便可從另一方面謀求發展。一個身材矮小或過於肥胖的人，可能當不成模特兒和儀隊隊員，可是這世界上對身材沒有苛刻要求的工作多的是。

一個人只要有了積極心態，對自己揚長避短，將自己的某種缺陷轉化為自強不息的推動力量，也許你的缺陷不但不會成為你的障礙，反而會成為你的福音。因為它會促使你更加專心的關注自己選擇的發展方向，往往能促成你獲得超出常人的發展，最終成為超越缺陷的卓越人士。

這方面的著名事例數不勝數，如身材矮小的拿破崙、耳聾的貝多芬、下肢癱瘓的羅斯福、少年坎坷艱辛的巨商松下幸之助等等，這些人要麼有自身缺陷，要麼有家庭缺陷，但他們都成了卓越人士，都從某個方面改變了世界。

五、用行動證明自己的能力與價值

其實，看一個人有沒有價值，根本用不著進行什麼深奧的思考，也用不著問別人，有人需要你，你就有價值，你能做事，你就有價值。

你能做成多大的事，你就有多大的價值。因此，你可先選擇一件自己較有把握也較有意義的事情去做，做成之後，再去找一個目標。這樣，你可不斷收穫成功的喜悅，又在成功的喜悅中不斷走向更高的目標。每一次成功都將強化你的自信心，弱化你的自卑感，一連串的成功則會使你的自信心趨於鞏固。當你切切實實感覺到自己能達成一些事情時，你還有什麼理由懷疑自己的價值呢？

根據自己的特點確定努力方向

「上帝並未大批生產人類，並不像最新型的汽車那樣自生產線上生產出來。祂使人類各具有不同的體型、外表與膚色。祂所製造的人類彼此具有很多微細的不同之處。祂使我們每一個人都與別人不同——而且也未限定我們應該一致遵守的共同標準。」每一個人都有自己的某種才能，只是有些人怯於或者懶得去發現它，一個人如果不相信自己，就不可能發覺自我潛能。

相信自己是尊重自己的基礎，尊重自己是心理健康的標誌。相信自己的力量和才能，每個人都是能發出光芒的星辰，每個人都是一座金礦。在選擇事業目標的時候，我們不要盲目的與別人攀比，要根據自己的特點、長處、能力及社會需求，尋找自己能夠做得好的事。

每一個人是獨一無二、與眾不同的。你應該把這項事實看做是一股積極的生命力，而不應該把它當做是你差人一等的原因。然而，生活中有很多人充滿了自卑感，因此阻礙了他們獲得成功與幸福的機會。

在這個世界上，每個人在某些方面都比其他人要差一點。當然，我無法把籃球打得像林書豪那樣好；我無法唱歌唱得像張學友那般精彩。承認了這些缺點，並不會令我感到自卑——一點也不會。我並不拿自己和他們相比；我接受我的真實情況。

每一天，我都會遇見一些在某一方面比我更優異的人——會計、推銷員、公司老闆等等。這又有什麼關係呢？這些人並無法去除臉上的傷疤；另外還有一些事情，我可以做得比他們好。同樣的，他們也不必為了這些原因而感覺自卑。

當我們感覺自卑時，那是因為我們拿自己和其他人互相比較，並且認為我們應像「某些人」一樣，或甚至和「每個人」相同。當然這是錯誤的概念，因為「每個人」都是由個人組成的，沒有兩個人是完全相同的。

有一位催眠師曾對一位身體強壯的男子施以催眠術，使他進入被催眠狀態，然後對他說：「你現在手上根本沒有一絲力氣，連一根鉛筆都拿不起來！」果然，一個壯漢真的連一枝鉛筆也拿不起來了！他已經把催眠師的語言變成了一種信念，他的行為是這種信念支配的結果。自卑者的情況也類似，只不過發出暗示的人是自己罷了。即使是那些看起來很笨的人，也許在某些特定的方面有傑出的才能。

中國古代有個叫阿留的人，各方面都很無能，但在繪畫方面是個天才；陳景潤當不好數學教師，卻可以進攻世界難題；柯南道爾作為醫生並不著名，寫小說卻名揚天下……每個人都有自己的特長，都有自己特定的天賦與素質，如果你選對了符合自己特長的努力目標，就能夠成功，如果你沒有選對符合自己特長的努力目標，就多少會自己埋沒自己。

人在生活中有成功也有失敗。然而，傳統觀念使人們注意從失敗中吸取教訓，而不注意對成功的研究，所以失敗在人的心理上留下的印痕更深。倘若一個人失敗的次數多了，就容易把自己看得一無是處。

一個全面而客觀的自我認識應該包括成功和失敗兩部分。自卑者一旦把視野拓寬或換一個角度來看，就會突然發現一個完全不同的自我。請記住心理學家羅伯特．安東尼下面的這段話：「將自己的每一條優點都列出來，以讚賞的眼光看看他們。經常看，最好背下來。將注意力集中於自己的優點，你會在心裡樹立信心：你是一個有價值、有能力、與眾不同的人。無論什麼時候，你只要做對一件事，就要提醒自己記住這一點，甚至為此酬謝自己。」

俗話說：「天生我材必有用。」當人生下來時，人的智力有高下，在不同的社會背景下成長，會表現出能力上的差異。好在社會對人才也有多層次的需求，既需要工程師、科學家，也需要售票員、清潔工，「三百六十行，行行出狀元」。

每個人都應該在社會中找到自己的位置。對自己的發展應該建立在現實的基礎上，倘若一味的與別人攀比，好高騖遠，只能導致失敗、挫折，進而加重心理創傷。「人非聖賢，孰能無過。」不要期望所有的人都完全理解你，給你好的評價。要記住：你可能犯錯誤，別人也很容易犯錯誤，對你的評價方面也不例外。

「人無完人，金無足赤。」能力的差異是客觀存在的，由於能力的高低不同，才有偉大人物與平民百姓之分，才有聲名顯赫和默默無聞之分。但是一個人長於此，未必長於彼。

「智者千慮，必有一失；愚者千慮，必有一得。」能寫的人不一定健談；善於思考的人不一定有好的記憶力；學者富於抽象思維能力，卻缺乏具體的操作能力；將軍能率領千軍萬馬，做出驚天動地的大事業，但對家庭瑣事卻可能一籌莫展……全才是沒有的，人各有所長，各有所短。我們既不能專門以己之長，比人之短，也不應以己之短，比人之長。最重要的是考慮好在生活中如何找準自己的位置，充分發揮自己的特長。

不真正的接納自己就無法成功

卡內基說：「自信才能成功。」實際上，任何一個成功的人都是絕對自信的，而那些碌碌無為的人，只要偶爾遇到一點挫折，他們就會心灰意冷，一蹶不振。失敗的人之所以失敗，就是因為他們從來都不相信自己。古人說：「哀莫大於心死，而身死次之。」沒有自信的人是很難成功的，就像沒有脊樑骨的人很難站得筆直一樣。

自信是樂觀的一種表現，而每個人的自信程度是不同的。有些人相信自己總是能夠解決難題，擺脫困境；而有些人則總是對自己是否具備實現目標的條件持悲觀的態度。

一個經理，他把全部財產投資在一種小型製造業上。由於世界大戰爆發，他無法取得他的工廠所需要的原料，因此只好宣告破產。

金錢的喪失，使他大為沮喪。於是，他離開妻子兒女，成為一名流浪漢。他對於這些損失無法忘懷，而且越來越難過。到後來，甚至想要跳湖自殺。一個偶然的機會，他看到了一本名為《自信心》的書。這本書給他帶來勇氣和希望，他決定找到這本書的作者，請作者幫助他再度站起來。

當他找到作者，說完他的故事後，那位作者卻對他說：「我已經以極大的興趣聽完了你的故事，我希望我能對你有所幫助，但事實上，我卻絕無能力幫助你。」他的臉立刻變得蒼白。他低下頭，喃喃的說道：「這下子完蛋了。」

作者停了幾秒鐘，然後說道：「雖然我沒有辦法幫助你，但我可以介紹你去見一個人，他可以協助你東山再起。」

剛說完這幾句話，流浪漢立刻跳了起來，抓住作者的手，說道：「看在老天爺的份上，請帶我去見這個人。」

於是，作者把他帶到一面高大的鏡子面前，用手指著鏡子說：「我介紹的就是這個人。在這世界上，只有這個人能夠使你東山再起。除非坐下來，徹底認識這個人，否則，你只能跳到密西根湖裡。因為在你對這個人作充分的認識之前，對於你自己或這個世界來說，你都將是個沒有任何價值的廢物。」

他朝著鏡子向前走幾步，用手摸摸他長滿鬍鬚的臉孔，對著鏡子裡的人從頭到腳打量了幾分鐘，然後退幾步，低下頭，開始哭泣起來。

幾天後，作者在街上碰見了這個人，幾乎認不出來了。他的步伐輕快有力，頭抬得高高的。他從頭到腳打扮一新，看來是很成功的樣子。

「那一天，我離開你的辦公室時，還只是一個流浪漢。我對著鏡子找到了自信。現在我找到了一份年薪三千美元的工作。我的老闆先預支一部分錢給我家人。我現在又走上成功之路了。」

他還風趣的對作者說：「我正要前去告訴你，將來有一天，我還要再去拜訪你一次。我將帶一張支票，簽好字，收款人是你，金額是空白的，由你填上數字。因為你介紹我認識了自己，幸好你要我站在那面大鏡子前，把真正的我指給我看。」

具有強烈自信心的人，是生活中的幸運者。因為他們從小養成了一種良好的自信的心理習慣。這種心理習慣，使他們能充分相信自己，能夠承受各種考驗、挫折和失敗，敢於去爭取最後的勝利。這種自信心，使他們一輩子受用不盡。當然，我們不能說：只要接納自己就能成功；但是我們可以說：不接納自己就無法成功。

自卑的人雖然也看到身邊有許多有利條件和時機，但他總認為這些條件和時機是為別人準備的，與自己並不相干，甚至自己根本不接受這些條件和機會。因此他們就不努力奮鬥，也沒有和別人競爭的勇氣。

自卑的人就是這樣替自己設置障礙。沒有一個人能越過他自己所設置的障礙。西方諺語說：「你之所以感到巨人高不可攀，只是因為自己跪著。」不信你站起來試一試，你一定能發現自己並不注定比別人矮一截。許多事情別人能做到的，自己經過努力也能做到，重要的是接納自己，對自己要做肯定的評價，對自己的優點和力量要有自覺。

確立積極良好的自我認同

一位著名的哈佛大學心理學家指出，任何人都能在實際中改變自我感覺。改變消極態度，扭轉對自己否定的評價，重新獲得健全的自信，就可以完全實現自己追求成功的理想。

我們所從事的每一項事業能否成功，主要取決於我們的自我認同。對自我價值有高度自信的人，成功與幸福似乎一直與他們相隨，他們事事如意，好事接踵而至；他們左右逢源，人際關係四通八達；他們點子叢生，計劃每每成功。

相反，缺乏自我認同的人，似乎老是與失敗和痛苦相聯。他們的計劃老是失敗，他們的追求總是無法如願，他們總會以某種方式毀壞他們潛在的成功，似乎老是一事無成。他們的問題根植於自我認可的困難。

為了追求卓越，現代人應該怎樣確立積極良好的自我認同呢？心理學家為我們提出了如下建議：

一、集中注意力於你的潛力，而不是局限

許多咨詢者都對心理學家說，由於他們沒有像別人那樣聰明、漂亮或靈活，因此總感到低人一等。

其實聰明也罷，機智也罷，甚至偉大也罷，這僅是一種行為表現。如果沒有行動，怎麼可能給人聰明、機智和偉大的印象呢？你與他們相比，似乎相形見絀了，那是因為你沒有行動，沒有找到你的行動環境，沒有選定你的行動對象。

一句話，你沒有發覺和表現自己聰明才智的實際作為。如果你認識了自己的自我價值，確立了自信，有了積極的自我認同，那你就會積極進取，充分發覺自己潛在的聰明才智，那麼，偉大對你來說僅是機會而已。一旦有了機會，你也會成為偉人。

二、全心全力投入你能做好的一切事情

世上沒有比有才華的人未能成功更為普遍的事情了。問題不在於發現天賦才能的困難，而在於發現贏得最後成功的技巧的困難。

我們許多人感興趣於某一領域，並投身進去。但接著事情變得困苦艱難起來，而看看別人卻很順利、很成功，於是就氣餒起來，撒手不幹了。要知道，反覆磨練最後方能學到你如何取得成功的技巧。

成功是一個逐漸累積的過程，它需要知識、才智、技巧，需要整個心力的成熟發展。每一個人都擁有天上的一顆星，在這顆星星照亮的某個地方，有著別人不可替代的、專屬於你的工作。我們必須百折不撓的找到自己的位置，這需要時間。但是，我們不能因為看到別人似乎輕易取得成功而氣餒。

通常，使你脫穎而出的，不是天賦的才氣，而是呼嘯前行的魄力，鍥而不捨的努力。成功者往往是成功時才被你認識，因此你沒看到他們在走向成功時所經歷的一條漫長而困苦的路——這就造成一個錯覺：人家能輕易成功，而自己卻沒有能力成功。千萬不想這樣想！只要全心全

力的投入你能做好的一切事情，你就能做出使自己吃驚的成績來。

三、在內心樹立自我成功的形象

不少人在心中老是出現自責的話語，「今天早晨我的髮型很難看」，「我講了很多傻話，他一定是在笑我」等等。由於無數個這類信息每天在腦中閃現，毫無疑問，結果就是自我認同的削弱。

一個克服這種怯弱自責心理的良好方法是想像。為了取得成功，你必須在腦中「看」到你正在取得成功的形象。在腦中顯現你充滿自信的投身一項困難的挑戰的形象。這種積極的自我形象反覆在心中呈現，就會成為潛意識的一個組成部分，進而引導我們走向成功。

「臨場默想術」是一個能確立成功的自我形象而被普遍採用的方法。你要與人作一次交流，不管是拜見、會談、求救、協商，你都可以在臨行前在腦中默想談話的內容、所持的態度、運用的語氣、對方的反應，以及整個談話環境和氣氛，把自己事先沉浸到談話環境中去，你就會取得理想的談話效果。

你要去做某一件工作，動手前先在腦中默想一下工作的全部過程，你的姿態、你的動作、所用工具、資料信息、工作對象的反應、完成後的效果……這能使你確立起成功的自我認同，使你的整個與工作有關的心智、神經、肌肉在事先得到一次協調配合的「演練」，猶如向電腦設計與輸入一個完成某一個任務的軟體程式，最後能保證你順利完成這個工作。

四、超脫別人對自己的期望

他人對自己的期望是一種信任的期待，會成為一種前進的動力。但是，它有時會成為束縛我們的桎梏。我們要以超然的態度對待他人的期待，不能讓它成為實現自己目標的沉重的精神包袱。當我們決定不成為他人期望的一類人時，這是解放自己的精神的一個重要步驟。

人是有千差萬別的，即使同卵雙胞胎也是有區別的。這種區別不是體能、心力、人的價值在量上的區別，而是它們的屬性。也許從數量上看，大自然賦予每個人的體能、心力——人賴以在社會進行人生創造的資本沒有什麼明顯的區別，但是不同的人有著不同的天性。

有人適於從文，有人宜於攻理。即使在同一領域，各個人也有各不相同的天性，有人善於粗線條的宏觀謀劃，有人善於細線條的細節表述等等。因此，每個人的成功絕不會相同，但人人都能在只屬於自己的獨特位置上取得成功。

所以，不要看到別人成功而對自己妄自菲薄，不要錯把人家的期待作為自己的桎梏，能真正認識自己的只有你自己，憑你的知識，憑你的經驗，憑你的直覺去尋找你的位置，你有著屬於你的成功，它在等待著你。

五、建立能獲得支持和「營養」的人際關係

最能增強良好自我認同的方法，是使你感到你的生活中充滿著愛。這要透過你的努力去實現。向他人貢獻你的愛，你會得到他人的愛。一個專為自己活著的人，不會有良好的自我認同。

他人是認識你自己的一面鏡子，你能在與他人的交往中認識你自己。這裡有著心力與性格的輝映、比較、反照與較量。你能從中看到自己的價值，深入而全面的認識自我，使自己的腦中樹立起鮮明的自我形象。

一個缺乏良好的自我認同的人，並不是命中注定與失敗、痛苦結緣的。首先要相信你的自我認同有其存在的理由，然後，你才能不斷的完善與強化自我形象進而獲得成功。

要記住，在與他人的交往中，不要被他人吞沒了自我。你不能忘記他人，但更不能忘記自己，沒有你自己，也就沒有他人。他人與你交往，是因為你不同於他；你想與他人交往，也是因為他不同於你。

進行提高自信心理的基本訓練

邱吉爾說：「勇氣是人類最重要的一種特質，倘若有了勇氣，人類其他的特質自然也就具備了。」也許你曾經多次發現自己很容易的屈從於別人提出的無理要求：「我想要看本雜誌，你替我去跑一趟吧！」或者：「我又沒錢了，你能借我一千塊錢嗎？」這類要求在生活中司空見慣，有時候它也並不是不可以接受。

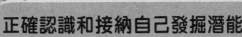

但是如果這類問題太多，或同一問題經常在你的身上出現，且你老是屈從於別人的要求，你就應該考慮自己是否太軟弱，應該考慮使自己加強自信，並且以一種堅定而禮貌的方式說出「不」字來。

同樣，你也許有許多正當、合理的要求，但是你怕被拒絕，所以不敢向別人提出；或者雖然提出，但別人一拒絕，你就不敢堅持。如果你想成為一個自信而卓越的人，就必須要努力改變這種狀況。

下面的一套提高勇氣的心理訓練，就在於透過分析思維及行為，使你變得更加自信。

訓練程序如下：

一、檢查你的交往

思考一下，你有需要更加自信的處理的事情嗎？你害怕由於把你的意見和感受表達出來而發生什麼事嗎？你有偶爾不冷靜而憤怒的斥責別人之類的事嗎？

考察一下自己的交往狀況，持續寫十天左右的日記，記下你膽怯行事的情境、別人有侵犯性的情境，以及需要你更加自信處理的情境。

二、選出對自己來說需要改進以有益於你更加自信的狀況

它包括如下情況：你懷有不滿、憤怒困窘、對別人感到恐懼；因沒有勇氣表達你自己而出現自我貶低的感情；表面上表示禮貌道歉，其實是膽怯或允許別人居你之上；暴怒或勝過別人時表現出侵犯性言行。

正如心理學家所揭示的，在每一種非自信或侵犯性的言行中，你都有改善的空間，改善上述狀況將讓你更有自信。

三、集中於過去的特定事件

你閉上眼睛幾分鐘，並且生動的想像事件的細節，包括你和其他人說的話，你當時及以後的感受。

四、記下並回顧自己的反應

問自己下列問題，以確定你怎樣表現自己。

♣眼睛接觸：你以放鬆的、不斷的凝視來直視他人嗎？向下或向遠處看，表示缺乏自信。

♣手勢：你的手勢恰當、揮動自由，放鬆並且有效的強調你要表達的信息嗎？笨拙、拘謹表示緊張。

♣面部表情：你的面部表情表現出了足夠的自信嗎？為了做到這一點，你要盡量保持堅定、嚴肅的神態。

♣音調和音量：你的反應保持了一種堅定而健談的語調嗎？叫喊表

示憤怒，細聲細氣表示羞澀，粗啞的聲音表示緊張。

♣講話的流暢性：你講話平穩、清晰而緩慢嗎？講話快或猶豫表示緊張。為了不給人留下猶豫和緊張的印象，你要透過訓練，使自己的語速適中，平穩、清晰而流暢。

♣時間選擇：在允許你和其他人對事件做評論時，你是否最先就問題情境做出言語反應呢？一般來說，在允許的同時發生是最好的。但是在特定的情境，應當在以後處理，比如對老師的錯誤陳述提出異議，應當在課後進行，而不是他正在同學面前講課的時候。

♣信息內容：就問題情境而言，哪種情況你的反應是不自信的或侵犯性的？哪種情況是自信的？考察其內容並考慮自己為什麼以一種不自信或侵犯性的方式做出反應。

五、學會觀察一個或多個有效的模式

在自己存在問題的方面，要學會觀察自信者的言語和非言語方法，比較他們的方法與你的方法的結果。如果可能的話，還可以和別人討論他們的方法以及他們使用這種方法的感受。

透過各種管道廣泛學習，掌握更多的、使自己變得更自信的方法。閉上眼睛，想像自己正在使用以上各種可選擇的方法。對於每一種方法，反覆考慮與結果相聯繫的最完美的形式。選出一種或幾種聯合的、你認為對自己來說有效的方法。透過想像練習這種方法，直到你感到滿意並能為自己所用的時候為止。

六、與其他人如朋友、同學一起使用角色扮演的方法

如果你的方法中的某些方面顯得粗陋、笨拙、膽怯或有侵犯性，那麼，就要及時在實際中加以矯正，直到你對這種方法感到自如為止。盡量從他人那裡獲得有關自己的方法的作用和不足的反饋。

七、嘗試在真實的生活情境中使用上述方法

設計前面的步驟，就在於使自己對真實事件做好準備。一直到你發展出一種自己感到滿意並且相信最適合自己的自信方法。如果你仍然過於害怕嘗試而無法變得自信，那麼，就重複第五到第七步驟，直到自己感到滿意為止。

只要確實進行上述提高勇氣的心理訓練，透過分析思維及實際行為，將使你變得更加自信。

按照最適合自己的模式去生活

詹姆斯．高登．季爾基博士說：「保持本色的問題，像歷史一樣的古老，也像人生一樣的普遍。」不願意保持本色，是很多精神和心理問題的潛在原因。在與自己相關的問題、特別是人生重大問題的選擇上，一定要切實立足自身實際，根據各方面的環境、條件等具體情況和發展趨向，綜合考慮各種變量，實事求是的確定自己的取捨。

作為生活在這個星球上的個體，我們每個人在社會地位、家庭條件、身體素質、學識修養、個人能力、生活經歷、社會關係以及所處的生存環境等諸方面，都和他人不盡相同甚至有著巨大的差異，這些對我們個人的生存、發展乃至現實生活的各個方面，都會產生種種的影響。這就決定了我們每個人都需要根據我們自己所面臨的實際情況，認準自己的定位，確定最為適合自己的生存方式、生活模式，選擇最有利於自己生存和發展的人生道路。

愛默生在他那篇著名的散文《論自信》中寫道：「在每一個人的教育過程之中，他一定會在某時期發現，羨慕就是無知，模仿就是自殺。不論好壞，他必須保持本色。雖然廣大的宇宙之間充滿了好的東西，可是除非他耕作那一塊給他耕作的土地，否則他絕得不到好的收成。他所有的能力是自然界的一種新能力，除了他之外，沒有人知道他能做出什麼和知道些什麼，而這都是他必須去嘗試求取的。」

對此，伊蒂絲．阿雷德太太的體會是非常深刻的。

伊蒂絲．阿雷德太太從小就特別敏感而靦腆，她的身體一直太胖，而她的一張臉使她看起來比實際上還胖得多。

伊蒂絲有一個很古板的母親，她認為把衣服弄得漂亮是一件很愚蠢的事情。她總是對伊蒂絲說：「寬衣好穿，窄衣易破。」而母親總照這句話來幫伊蒂絲穿衣服。

所以，伊蒂絲從來不和其他的孩子一起做室外活動，甚至不上體育課。她非常害羞，覺得自己和其他的人都「不一樣」，完全不討人喜歡。

長大之後，伊蒂絲嫁給一個比她大好幾歲的男人，可是她並沒有改變。她丈夫一家人都很好，也充滿了自信。伊蒂絲盡最大的努力要像他們一樣，可是她做不到。他們為了使伊蒂絲開朗而做的每一件事情，都只是令她更退縮到她的殼裡去。伊蒂絲變得緊張不安，躲開了所有的朋友，情形壞到她甚至怕聽到門鈴響。

伊蒂絲知道自己是一個失敗者，又怕她的丈夫會發現這一點。所以，每次他們出現在公共場合的時候，她假裝很開心，結果常常做得太過分。事後伊蒂絲會為這個難過好幾天。後來，是什麼改變這個不快樂的女人的生活呢？只是一句隨口說出的話。她的婆婆隨口說的一句話，改變了伊蒂絲的整個生活。

有一天，她的婆婆正在談自己怎麼教養幾個孩子，婆婆說：「不管事情怎麼樣，我總會要求他們保持本色。」

「保持本色！」就是這句話！在那一剎那之間，伊蒂絲才發現，自己之所以那麼苦惱，就是因為她一直在試著讓自己適合於一個並不適合自己的模式。

伊蒂絲後來回憶道：「在一夜之間我整個改變了。我開始保持本色。我試著研究我自己的個性、自己的優點，盡我所能去學色彩和服飾知識，盡量以適合我的方式去穿衣服。我主動的去交朋友，參加了一個社團——起先是一個很小的社團，他們讓我參加活動，使我嚇壞了。可是我每一次發言，就增加了一點勇氣。今天我所有的快樂，是我從來沒有想到可能得到的。在教養我自己的孩子時，我也總是把我從痛苦的經驗中所學到的結果教給他們：『不管事情怎麼樣，總要保持本色。』」

歸根究底說起來，一個人的成就都與本人的實際潛能有關。你只能唱你自己的歌，你只能畫你自己的畫，你只能做一個由你的經驗、你的環境和你的家庭所造成的你。不論好壞，你都得自己創造自己的小花園；不論好壞，你都得在生命的交響樂中，演奏你自己的小樂器。一位著名作家說：「這個世界上沒有什麼是最好的，只有適合自己的才是最好的！」適合他人的，不一定適合自己，適合自己的，也不一定適合他人。

學會在心理上進行自我暗示

信心與意志是一種心理狀態，是一種可以用自我暗示誘導和修練出來的積極的心理狀態！「成功始於覺醒，心態決定命運！」這是現代的偉大發現，是成功心理學的卓越貢獻。

成功心理、積極心態的核心就是自信主動意識，或者稱做積極的自我意識，而自信意識的來源和成果就是經常在心理上進行積極的自我暗示。反之，消極心態、自卑意識，就是經常在心理上進行消極的自我暗示。

就是說，不同的意識與心態會有不同的心理暗示，而心理暗示的不同，也是形成不同的意識與心態的根源。所以說，心態決定命運，正是以心理暗示決定行為這個事實為依據的。

例如，星期天，你本來約好和朋友出去玩，可是早晨起來往窗外一看，下雨了。這時候，你怎麼想？你也許想：糟糕！下雨天，哪兒也去不成了，悶在家裡真沒勁……或是你想：下雨了，也好，今天在家裡好好讀讀書，聽聽音樂……這兩種不同的心理暗示，就會給你帶來兩種不同的情緒和行為。

我們多數人的生活境遇，既不是一無所有，一切糟糕；也不是什麼都好，事事如意。這種一般的境遇相當於「半杯咖啡」。你面對這半杯咖啡，心裡產生什麼念頭呢？消極的自我暗示是為少了半杯而不高興，情緒消沉；而積極的自我暗示是，慶幸自己已經獲得了半杯咖啡，那就好好享用，因而情緒振作，行動積極。

由此可見，心理暗示這個法寶有積極的一面和消極的一面，不同的心理暗示必然會有不同的選擇與行為，而不同的選擇與行為必然會有不同的結果。

有人曾說：「一切的成就，一切的財富，都始於一個意念。」我們還可以再說得淺顯全面一些：你習慣於在心理上進行什麼樣的自我暗示，就是你貧與富、成與敗的根本原因。可以說，發展積極心態，是走向成功的主要途徑。

人與人之間本來只有很少的差異，但這很小的差異卻往往造成了巨大的差異！巨大的差異當然決定了是成功、幸福，還是平庸、不幸。而原本很小的差異，就是凡事所採取的心理暗示不同。所以說，兩種不同的心理暗示必然會產生兩種不同的結果。

一個人的命運是由自我意識決定的，這句話的含義就包括了潛意識。因為積極的心理暗示要經常進行，長期堅持，這就意味著積極的自我暗示能自動進入潛意識，影響意識，只有潛意識改變了，才會成為習慣。

潛意識就是已經習慣成自然，不用有意控制的心理活動。根據大自然的構造，人類完全能夠控制經由各種感覺器官進入潛意識的各種信息刺激和物質力量。

但是，這並不等於人們可以隨時隨地運用自己的控制力。在絕大多數情況下，許多人無法運用這種控制力。如果人們都能主宰自己，怎麼會有那麼多人心態消極，一生貧苦卑賤呢？

潛意識就像一塊肥沃的土地，如果不在上面播下成功意識的良種，就會野草叢生，一片荒蕪。自我暗示就是播撒什麼樣的種子的控制媒介：一個人可以經由積極的心理暗示，自動的把成功的種子和創造性的思想灌輸進入潛意識的大片沃土；相反，也可以灌輸消極的種子或破壞性的思想，而使潛意識這塊肥沃的土地野草叢生。

堅持心理上積極的自我暗示，對個人獲得成功是非常重要的。

♣透過心理暗示的作用，把樹立成功心理、發展積極心態這個大原則變成了可以具體操作的方式和手段。就是說，轉變意識、發展積極心態，就要從心理上的自我暗示做起。

♣心理暗示是人的自我意識中「有意識」和潛意識之間的溝通媒介。人的思想行為不可能一切都要有意識的選擇和控制，透過經常持久的積極暗示，讓自信主動的電流與潛意識接通，這才是真正的具有巨大魔力的自我意識。

♣由於心理暗示的內容是具體的、實際的，所以堅持積極的自我意識也就必然要選擇確立自己的目標，而且主要的目標將滲透在潛意識中，作為一種模型或藍圖支配你的生活和工作。

♣透過心理暗示這個具體實際、可以操作的環節，我們能把內容複雜的成功心理學融會貫通，化作簡單明確而又堅定不移的信心和意志，並且可以立刻行動。

心理暗示能夠直接支配影響你的行動，所以，「自我意識決定你有無發展、能否成功」這句話就變得更加實在了。

減少自我發展中的挫折

《聖經．新約．馬太福音》說：「凡是少的，就連他所有的，也要奪過來。凡是多的，我還要加給他，叫他多多益善。」因而這種「貧者愈貧，富者愈富」的現象被稱為馬太效應。這裡的「多」和「少」指的是什麼可以有不同的解釋，不妨簡單的理解為「資源」。

資源可以解釋為做某事要具備的某些條件。資源包括金錢、設備以及你所擁有的任何看得見的物質財富；也包括創意、理念、知識、技能以及其他素質；還可表現為人際關係、某種資格或特殊的機遇。

其實，馬太效應中所謂「強」與「弱」，就是指其可掌握和使用的資源的多與少。

資源的多少決定了你究竟是在馬太效應的哪一邊。不幸的是，絕大多數人都是缺乏資源的。這也正是為什麼馬太效應總是令人們感覺沮喪的原因。如果你自己的資源不足，也想利用馬太效應，減少自我發展中的挫折，可以試試下面的方法：

一、尋找適合自己發展的職業

在所謂「成功人士」中，個人奮鬥、白手起家者只是少數，多數人還是先服務於大公司、大企業才得以「實現自我」的。

為了更好的實現自我，在選擇職業的時候，必須優先考慮兩個因素：一是自己感興趣，二是能發揮自己的特長。你可以是一個得力的員工，也可以是一個可信賴的合作夥伴。總之，你必須讓自己既有發展的實力，又有發展的空間。

二、盡量使用你的資源

其中金錢是最重要的資源之一。回想一下《聖經》中的寓言，那個用一錠銀子換了十錠的人，還有那個把一錠銀子用布包起來惟恐弄丟的人，哪種方法更可取？

才能（或者天賦）更是這樣，美術大師不停的作畫，音樂大師每天花費幾小時練習，都是為了使自己的才能更出色。不僅藝術家如此，那些工作效率最高、工作品質最好的人，都是在不斷努力中使自己的才能充分發揮的。

才能不是僵化的東西，它是在磨練中成長的，只有在實作中我們才會發現自己的不足之處，而克服困難的過程自然也提高了我們的才能。

時間這個資源有點特別，因為每個人的時間是一定的，你花費時間做這件事，就一定無法再用於其他事。可是觀察一下身邊的人，老是抱怨「時間不夠用」的恰恰是那些做事最少的人，這是怎麼回事？

問題在於不同的時間利用率，一個做事迅捷、工作效率高的人，即使同時應對幾件事也能勝任愉快，而一個行動遲緩的人，也許一天下來連一件事也做不成。

區別就在於前者已經養成了良好的習慣，而且掌握了做事的最簡捷的方法；而後者，只是學會了拖延，他的事情總是完不成，所以時間也總是不夠用。

三、學會「集中優勢兵力」重點突破

將你的時間、精力、才能、金錢等投入最有希望獲勝的戰場，確立自己在這一領域的優勢地位。

你的每一場勝利都使雙方的實力對比發生變化，這樣不斷「積小勝為大勝」，直至取得全局性優勢時，「最後的決戰」也就勝券在握了，因為「馬太效應」已經站在你這一邊。

在設定目標時，要盡量伸展自己

一個真正的目標必定充滿挑戰性，正因為它具有挑戰性，又是由你自己所選擇的，所以，你一定會積極的想完成它。換句話說，你的目標不僅是一種挑戰，同時也是激勵你的原動力。

美國潛能成功學大師安東尼．羅賓說：「如果你是個業務員，賺一萬美元容易，還是十萬美元容易？告訴你，是十美萬元！為什麼呢？如果你的目標是賺一萬美元，那麼你的打算不過是能餬口便成了。如果這就是你的目標與你工作的原因，請問你工作時會興奮有勁嗎？你會熱情洋溢嗎？」

如果你是一個學生，只為分數而學習，那麼你也許能夠得到好分數。但是，如果你為知識而學，那麼你就能夠得到更好的分數和更多的知識。

如果你為做生意而努力，那麼你可能會賺很多錢。但是，如果你想透過做生意來成就一番事業，那麼你就有可能不僅賺很多錢，而且會成就一番大事。

如果你只為薪水而工作，你有可能只能得到一筆很少的收入。但是，如果你是為了你所在公司的前途而工作，那麼你不僅能夠得到可觀的收入，而且你還能得到自我滿足和同事的尊重。你對公司所做的貢獻越大，就意味著你個人所得到的回報就會越多。

當你問起前ＮＢＡ職業籃球高手「飛人」麥可．喬丹，是什麼因素造成他不同於其他職業籃球運動員的表現，而能多次贏得個人或球隊的勝利時，他會告訴你說：「ＮＢＡ裡有不少有天分的球員，我也可算是其中之一，可是造成我跟其他球員截然不同的原因是，你絕不可能在ＮＢＡ裡再找到我這麼拚命的人。我只要第一，不要第二。」

你或許會感到不解，到底麥可．喬丹拚命不懈的動力來源於何處？是發生於他念高中一年級時一次在籃球上的挫敗，激起他決心不斷的向更高的目標挑戰。就在這個目標的推動下，飛人喬丹一步步成為全州、全美國大學，乃至於ＮＢＡ職業籃球歷史上最偉大的球員之一，他的事跡一一改寫了籃球比賽的紀錄。

那天，喬丹被學校籃球隊退訓。回到家，他哭了一個下午。在那個重大打擊下，他原可能就此決定不再打籃球了，可是沒有，他反而把這個教訓轉變為強烈的願望：為自己制定一個更高水準的標準，更難達成的目標。他的決定出自內心且很堅決，由此改變了自己的命運，也讓籃球比賽的發展為之改觀。他不僅要重新成為球隊的一員，並且還要成為最棒的。

在升高二之前的暑假中，他找到校隊教練克里夫頓．賀林去尋求幫助，每天在他的指導下進行密集訓練。終於，他被選進校隊參加比賽。十年之後，他更證明了ＮＢＡ芝加哥公牛隊教練道格．柯林斯的見解：準備得越充足，幸運就越會跟著來。

你的目標中必須含有某種能激勵你自我拓展、自我要求的要素，而這些要素也會幫助你不斷成長、改變、進步。當你列出自己想成為的人、

想做的事及想擁有的東西，又在每一項中圈選出你認為最重要、最具挑戰性事情後，再嘗試找找看其他重要的答案。

你可能會需要用不同顏色的筆，在每一項中標示出二三件對你而言重要的事情。仔細的衡量這些事情，並問問自己以下的問題：

♣我是否看出其中的連鎖關係呢？

♣這些我所認為重要的事情，彼此間是否存在某種程度的關聯呢？

♣我是否看出三大要項——我想成為的人、想做的事、想擁有的東西，三者之間也有一定的關係嗎？

試著找出它們的關聯，而最終你會發現在你的生命中，它們緊密的交織在一起，無法分割。

無論如何，你可以從你所選擇的重要項目中，發覺其間的關聯性。也許你會在這些關聯中有新的發現，進一步找到發展興趣的新方法，或為自己創造出新的能力及特質。果真如此，那麼你將會在這個過程中，發現自己源源不絕的創造力！

設定超越自我的目標對你人生方向的影響，一開始可能不是很大。

那就像航行在大海裡的巨輪，雖然航向只偏了一點點，一時很難注意，可是在幾個小時或幾天之後，便可能發現船會抵達完全不同的目的地。

有限的目標會造成有限的人生。所以在設定目標時，要盡量伸展自己。在這裡，你將會學到如何訂立你的目標、你的美夢和你的願望，學到如何能夠保持志向和促其實現。

想要吸引別人該掌握的祕訣

人並非強迫他喜歡誰，他就喜歡誰。顯然，要想吸引別人，是要掌握一些祕訣，多下一些功夫的。在生活中，你會發現身邊的某些人的人緣特別好，這到底有什麼祕訣？在我們所認識的朋友當中，有人特別會吸引同事、朋友與顧客。對於這樣的人，你不禁感歎的說：「他把人吸引到自己身邊了！」

心理學家發現，一般正常的人在心理上都有一些共同需要的基本渴望。瞭解了這些渴求，相應的採取得體的行動，就會增強你的吸引力，更容易獲得友誼，得到別人的認可和支持。

一、盡量去容納、接受他人

每個人都希望自己完完全全的被接受，希望能夠輕輕鬆鬆的與人相處。在一般情況下和人相處時，很少有人敢完完全全的暴露自己的一切。所以，若是能輕鬆自在、毫無拘束，人們是極願和別人在一起的。也就是說，人們希望和能夠接受他們的人在一起。

專門找人家錯處而吹毛求疵的人，一定不是個好親人、好朋友。請不要設定標準叫別人的行動合乎自己的準則。請給對方一個自我的權利，即使對方有某些固執也無妨。別要求對方完全符合自己的喜好，以及行動完全符合自己的要求。要讓你身旁的人輕鬆自在。

能接受他人缺點的人，往往具有帶動他人向上的最大力量。一個原本脾氣暴躁、動作粗魯的人，在不知不覺中卻變成了一個和善、可靠的丈夫。友人問他原因，他回答說：「我的太太信賴我。她從不責備我，只是一味的相信我，使我不好意思不改變。」

一位精神科醫生說：「如果大家都有容納的雅量，那我們就失業了！」

精神科治療的真諦，在於醫生們找出病人的優點，接受它們，也讓病人們自己接受自己。每個人剛生下來，都很輕鬆自在，不畏懼暴露出自己的恐懼與羞恥心。醫生們靜靜的聽患者的心聲，他們不會以驚訝、反感的道德式的說教來批判。所以，患者敢把自己的一切講出來，包括他們自己感到羞恥的事與自己的缺點。當他覺得有人能容納、接受他時，他就會接受自己、有勇氣邁向美好的人生大道。」

二、承認和得體的讚美

承認別人比容納更深一層。容納，實際上是消極的作為。我們容納對方的缺點與短處，伸出友誼的雙手接受他們，這只是消極的做法。倘若是積極的做法，就是找出對方的長處，而不是只停留在接受忍耐對方的缺點上。顯然，人們都喜歡沐浴在承認的溫馨之中。

有一天，一位父親帶著自認為是無可救藥的孩子去看心理醫生。那個孩子已經被嚴重灌輸了自己沒有用的觀念。

剛開始，他一語不發，怎樣詢問、啟發他也絕不開口。心理學家一時之間也真是無從著手。後來，心理學家從他父親所介紹的情況和所說的話裡找到了醫治的線索。他的父親堅持著說：「這個孩子一點長處也沒有，我看他是沒指望，無可救藥了！」

心理學家開始應用承認的方法，找出他的長處——孩子不可能沒有任何長處。最後，他終於找到了：這個孩子喜歡雕刻，甚至可以說在這方面具有聰穎的天賦。他家裡的傢俱也被他刻傷，到處是刀痕，因而常常受到懲罰。

心理學家買了一套雕刻工具送給他，還送他一塊上等的木料，然後教給他正確的雕刻方法，並不斷的鼓勵他：「孩子，你是我所認識的人當中，最會雕刻的一位。」

從此以後，他們接觸得頻繁起來。在接觸中，心理學家慢慢的找出其他事項來承認他。有一天，這個孩子竟然不用別人吩咐，自動打掃房間。這個事情，使所有的人都嚇了一跳。心理學家問他為什麼這樣做？孩子回答說：「我想讓老師您高興。」

人們都渴望著他人的承認。要滿足這項慾望並不難，只要得體的稱讚對方就行了。

三、對別人表現出特別的重視

我們都要求別人能夠重視自己的價值。比恩·布魯斯博士說：「我的保險公司成功的原因在於：重視代理商。我們把『重視別人』當作座右銘。」

有記者問他：「為什麼這麼簡單的座右銘會造成那麼大的奇蹟呢？」

他指出：「重視的反面就是輕視。我對我們公司的代理商給予很高的評價，並且讓他們知道這個事實。我們知道，不管什麼公司，他能成功的原因在於代理商能力的大小。在我的觀念中，能力大的小的都很重要。我以我的代理商是同行業間最優秀的態度來接受他們。由於我重視人的關係，使他們自己覺得對別人對社會有益和重要，所以就帶來好的結果。」

請別忘記，人是世界上最尊貴、最重要的。為了表示我們對人家的重視，請你特別注意以下幾個方面的原則：不要怠慢人；對於不能立刻會面的拜訪者，應盡早約他會面；時時感謝別人；對人「特別」招待。

——最後一點尤為重要。

對人最消沉、輕視的態度就是「一視同仁」。每個人都認為自己是獨特的，是個「特別」的個體。所以，我們要注意這點，承認每個人的獨特的價值。

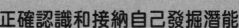

別讓憂慮妨礙你享受生活

十九世紀英國一位著名學者卡萊爾一度陷入精神上的極度絕望之中，他以自己的親身經歷談到：「我的星辰已經消失，陰沉的天空沒有閃爍的星光……宇宙像是龐大、死寂、無法抗拒的發動機，在死一般中的冷漠中不停的轉動，把我的軀體一點點的碾碎。」

「在這種精神頹廢之中，忽然出現了一條新的生活之路。我問自己：『你懼怕什麼？你為什麼要像一個儒夫？只知道抱怨與悲哀，只會退縮和顫抖，真是一條可憐蟲！你面前最可怕的東西究竟是什麼？死亡？好吧！那就去吧！再加上地獄的痛苦，加上一切魔鬼和人類可能給你帶來的傷害！假如你沒有心靈，就不會承受死亡的一切痛苦；你作為自由之子，縱然被拋棄，也要把地獄踩在腳下，這時候死亡又能把你怎麼樣？讓死亡來臨吧！我將迎接它，戰勝它！』」

卡萊爾說，在他這樣想的時候，好像有一團火焰在他的整個心靈中燃燒起來，使他把無謂的恐懼永遠拋棄了，頓時感到強大，有一股不可名狀的力量，那是一種精神，甚至是一位神靈。於是，他對自己的「永久否定」轉變為「永久的肯定」。

面對憂慮的時候，我們如何才能重新學會笑呢？下面是我們可以做的一些事情：

一、讓帶來輕鬆愉快的事情圍繞著你

在辦公室裡擺放難忘假日的照片，或者諸如戴著太陽眼鏡的小狗的滑稽照片。這些照片可以使你從日常工作中得到片刻休閒。

二、消除或減少負面消息對你的影響

瞭解世界各地的新聞是重要的，但不是每天二十四小時、每週七天都是這樣。

要想生活得更開心，就不要過多的看那些令人沮喪的負面信息。

三、每天在你的周圍尋找幽默和歡樂

如果你遇到交通阻塞，你可以假裝自己正處於電視情景劇中。使用可笑的虛構形象，看他們在你的節目裡如何表演。這個練習可以讓歡樂取代壓力。

四、向別人展示你的笑容

人與人之間最短的距離是一個分享的微笑——即使就你一個人笑。一旦你學會這一點，生活將變得更輕鬆。人們將喜歡你並與你打成一片。如果你面對最壞的情況也不退縮，你的憂慮將完全消失，取而代之的會是一種喜悅心情。

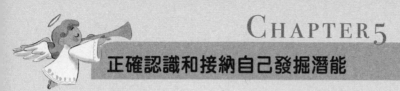

成長階梯 75

你，可以超越每個不如意

編著　謝浩任
出版者　大拓文化事業有限公司
執行編輯　林秀如
封面設計　林鈺恆
內文排版　姚恩涵

總經銷　永續圖書有限公司
劃撥帳號　18669219
地址　22103 新北市汐止區大同路三段一九十四號九樓之一
TEL （〇二）八六四七—三六六三
FAX （〇二）八六四七—三六六〇
E-mail　yungjiuh@ms45.hinet.net
網址　www.foreverbooks.com.tw

CVS代理　美璟文化有限公司
TEL （〇二）二七二三—九九六八
FAX （〇二）二七二三—九六六八

法律顧問　方圓法律事務所　涂成樞律師

出版日◇二〇一九年六月

國家圖書館出版品預行編目資料

你,可以超越每個不如意 / 謝浩任編著. -- 初版.
-- 新北市：大拓文化, 民108.06
面；　公分. -- (成長階梯；75)
ISBN 978-986-411-097-1(平裝)
1.自我實現 2.生活指導 3.成功法
177.2　　108005818

TALENT Tool

大大的享受拓展視野的好選擇

大拓 Talent TooL

永續圖書線上購物網

www.foreverbooks.com.tw

謝謝您購買 **你，可以超越每個不如意** 這本書！

即日起，詳細填寫本卡各欄，對折免貼郵票寄回，我們每月將抽出一百名回函讀者寄出精美禮物，並享有生日當月購書優惠！

想知道更多更即時的消息，歡迎加入“永續圖書粉絲團”

您也可以利用以下傳真或是掃描圖檔寄回本公司信箱，謝謝。

傳真電話：（02）8647-3660　　信箱：yungjiuh@ms45.hinet.net

☺ 姓名：＿＿＿＿＿＿　□男　□女　　□單身　□已婚

☺ 生日：＿＿＿＿＿＿　□非會員　　□已是會員

☺ E-Mail：＿＿＿＿＿＿　電話：（　）＿＿＿＿

☺ 地址：＿＿＿＿＿＿

☺ 學歷：□高中及以下　□專科或大學　□研究所以上　□其他＿＿＿＿

☺ 職業：□學生　□資訊　□製造　□行銷　□服務　□金融

□傳播　□公教　□軍警　□自由　□家管　□其他＿＿＿＿

☺ 您購買此書的原因：□書名　□作者　□內容　□封面　□其他＿＿＿＿

☺ 您購買此書地點：＿＿＿＿＿＿　金額：＿＿＿＿

☺ 建議改進：□內容　□封面　□版面設計　□其他＿＿＿＿

您的建議：＿＿＿＿＿＿